내 인생을 변화시킨

세 가지 질문

조동천

내 인생을 변화시킨 세 가지 질문

지은이 | 조동천
초판 발행 | 2015. 11. 19
2판 1쇄 | 2024. 01. 16
등록번호 | 제1988-000080호
등록된 곳 | 서울특별시 용산구 서빙고로65길 38
발행처 | 사단법인 두란노서원
영업부 | 2078-3352   FAX | 080-749-3705
출판부 | 2078-3331

책 값은 뒤표지에 있습니다.
ISBN 978-89-531-4792-8 03230

독자의 의견을 기다립니다.
tpress@duranno.com   www.duranno.com

두란노서원은 바울 사도가 3차 전도여행 때 에베소에서 성령 받은 제자들을 따로 세워 하나님의 말씀으로 양육하던 장소입니다. 사도행전 19장 8-20절의 정신에 따라 첫째 목회자를 돕는 사역과 평신도를 훈련시키는 사역, 둘째 세계선교(TIM)와 문서선교(단행본·잡지) 사역, 셋째 예수문화 및 경배와 찬양 사역, 그리고 가정·상담 사역 등을 감당하고 있습니다. 1980년 12월 22일에 창립된 두란노서원은 주님 오실 때까지 이 사역들을 계속할 것입니다.

내 인생을 변화시킨

세 가지 질문

조동천

두란노

contents

추천사 6
프롤로그 14

:: PART 1 :: **첫 번째 질문**
나는 누구인가?

01 흔들리는 정체성을 붙잡으라 28
02 사탄의 정체성의 기준에 속지 마라 38
03 그리스도인의 정체성은 말씀에 있다 46

:: PART 2 :: **두 번째 질문**

어떻게 살 것인가?

01 말씀에 대한 도전은 말씀으로 풀어라 76

02 삶의 주도권을 말씀에 넘기라 86

03 '나의 하나님'으로 끝까지 믿으라 106

:: PART 3 :: **세 번째 질문**

무엇을 위해 살 것인가?

01 미끼를 보면 수준을 알 수 있다 124

02 크고 쉽고 빠른 것이 유혹이다 140

03 유혹에는 단호하게 대처하라 150

추천사

이 책은 오늘의 세속 시대를 사는 모든 사람에게 참으로 귀중한 길잡이가 될 것이다. 돈과 권력과 명예에 대한 유혹을 부수고 그리스도를 따르는 참된 길을 명쾌한 설득력으로 교훈하고 있다. 성도들은 물론 교회의 지도자들에게도 경종이 될 뿐만 아니라, 세속적 가치관에 물들어 있는 일반인들에게도 신선한 충격을 줄 것이다.

김명용 장로회신학대학교 총장

목회자를 대상으로 하는 코칭 세미나의 강사분이 질문의 중요성에 대해서 이야기했습니다. 어떤 질문을 하느냐에 따라 그 사람이 지금 처한 문제에 대한 답과 가까워질 수도 있고 도리어 동문서답을 할 수도 있다는 것입니다. 조동천 목사님의 책 《내 인생을 변화시킨 세 가지 질문》은 우리가 인생에서 꼭 물어야 하지만 그 답을 쉽게 찾아낼 수 없는 세 가지 질문을 던집니다.

'나는 누구인가?', '어떻게 살 것인가?', '무엇을 위해 살 것인가?'

이 세 가지 질문은 우리가 피할 수도 없고, 피해서도 안 됩니다. 그렇기에 조 목사님의 이 책은 우리에게 목적지를 분명히 알고 떠나게 하는 안내서와 같습니다.

특별히 마태복음 4장에 기록된 예수께서 광야에서 사탄의 시험을 받으실 때 나누었던 대화를 바탕으로 이 세 질문의 의미와 답을 찾고 있습니다. 예수님도 우리와 같은 고민을 하셨고, 그 답을 알고 계셨고, 그렇게 사셨습니다.

목적도 이유도 없이 살아가는 요즘 세대를 보면 안타깝습니다. 힘들고 지친 그들의 어깨를 어떻게 세워 주고 위로해야 하나 고민이 됩니다. 그럼에도 우리에게 소망이 있는 것은, 우리 이전에도 믿음의 길을 걸어갔던 사람들이 있었다는 것과 그들도 우리와 같은 고민을 하고 답을 찾았다는 사실입니다. 그 답이 지금 여러분 손에 있습니다.

김병삼 만나교회 담임목사

제가 목사님을 처음 만난 때는 제 어깨가 한없이 움츠러들었던 때입니다. 업무와 대학원 공부를 병행하느라 피곤에 절어 있는 데다 미래에 대한 막막함과 불안함으로 의기소침해 있었으니까요. 그런 제게 목사님과의 방송은 한마디로 힐링이었습니다.

어디에서 와서 무엇을 위해 살다가 어디로 가

는지에 대한 대답을 잃어버렸던 저의 무릎을 다시 펴게 한 목사님의 말씀에는 인간의 욕망을 꿰뚫어보는 예리함이 있습니다. 한 인간으로서, 남성으로서, 사역자로서 진솔하게 삶을 내보이는 용기가 있습니다. 오랫동안 쉬지 않고 공부한 철학과 인문학, 사회학을 아우르는 통합된 지성이 영성과 성실한 삶과 만나면 이런 빛을 낼 수 있다는 것을 목사님을 통해 경험했습니다.

혹시 부정적인 감정에 빠져 있다면, 조동천 목사님의 지혜의 빛이 집약된 이 책으로 회복하셨으면 좋겠습니다.

김필원 CBS 아나운서

조동천 목사님의 설교를 들을 때마다 감탄하게 되는 부분은 두 가지입니다. 하나는 성경 본문을 바라보는 독특한 관점입니다. 그래서 늘 기대가 됩니다. 또 하나는 결단을 촉구하는 힘입니다. 성경에 대한 깊은 연구와 이해 없이는 가질 수 없는 것들입니다. 이 책은 우리 모두가 고민하는 정체성의 문제, 삶의 방식의 문제 그리고 삶의 목적에 관한 문제를 예수님이 광야에서 사탄에게 받은 시험을 통해 흥미진진하게 풀어내고 있습니다.

문강원 원천교회 담임목사

아무것도 가진 것 없는 볼품없던 스무 살 무렵, 조동천 목사님을 만나게 된 건 하나님께서 제 인생에 주신 가장 소중한 선물이었습니다. 목사님께서 전해 주시는 하나님의 말씀을 들을 때마다 죽어 있던 심장이 깨어나는 것 같았고, 전해 오는 사랑의 말씀 속에서 새벽이슬에 땅이 젖듯 제 자신이 한 뼘 한 뼘 깎이고 변화되는 것을 발견하게 되었습니다.

목사님의 말씀 속에는 살아 계신 하나님의 능력이 깃들어 있습니다. 잠든 아이를 깨우는 따뜻한 부모님의 목소리처럼 우리의 마음에 다가와 자그마한 떨림을 일게 하고, 그 떨림은 이내 퍼져나가 물결이 되고 파도가 되어 우리의 모습을, 우리의 삶 전체를 송두리째 변화시키고 맙니다. 복음의 능력이란 바로 이런 것을 두고 하는 말이라고 생각합니다.

목사님의 말씀에 귀를 기울일 수밖에 없는 이유는 목사님은 늘 밑바닥 인생에 찾아오시는 하나님을 전하기 때문입니다. 이제는 더 이상 밑바닥이 아닌 존경받고 많은 사람들이 흠모하는 아름다움을 입으셨음에도 불구하고 지나 오셨던 과거의 낮은 곳에서의 삶을 잊지 않으시고 여전히 복음 가운데에서 우리와 함께 몸부림치고 있는 겸손의 목회자이기 때문입니다.

과거의 저처럼 삶의 나침반에 확신이 없는 이

시대의 청년들, 그리고 삶의 아픔으로 인한 흉터로 얼룩진 가슴을 지니고 있는 분이라면 그 누구라도 이 책 속에서 살아계신 하나님의 사랑과 진리를 발견할 수 있을 것입니다.

정재필 신촌교회 청년 / 서울예술대학 재학

조동천 목사님의 말씀과 글에는 늘 보석같이 빛나는 귀중한 것이 들어 있습니다. 깊은 묵상 가운데 하나님이 성경 곳곳에 숨겨 놓으신 비밀들을 발견하고, 그것을 우리가 알기 쉽게 풀어서 전하시니 항상 큰 은혜를 받습니다.

특별히 《내 인생을 변화시킨 세 가지 질문》은 삶의 의미를 찾지 못하고 마음의 병을 앓고 있는 오늘날의 우리에게 꼭 필요한 책입니다. 소유와 능력으로 서로를 평가하는 세상 풍조와 그리스도인들조차 이 세상 풍조를 좇는 슬픈 현실에서, 하나님의 자녀로서의 정체성을 다시 한 번 생각하고 회복시켜 주는 책이기 때문입니다. 뿐만 아니라 이 책은 하나님 자녀로서의 삶의 태도와 방향성을 제시하고 있습니다. 정체성만으로는 하나님의 자녀답게 살 수 없기 때문입니다. 하나님의 말씀에서 정체성과 인생의 태도 그리고 목적을 발견하고 뿌리를 내려 견고하게 다지기를 설득하고 있는 이 책은 인생의 향방을 알지 못해 방황하는 많은 사람들에게 해갈의 물이 될 것입니다.

살아 계신 하나님께서 이 책을 통해 많은 독자들의 영혼과 삶을 만지심으로 새로운 영을 부어 주실 것을 믿고 소망합니다.

한기붕 극동방송 사장

프롤로그

내 인생을 변화시킨
세 가지 질문

대학 시절, 신학생으로서 장성탄광을 방문했을 때였습니다. 커다란 터널 입구에서 작은 인차(人車)를 타고 들어갈 때는 재미있었습니다. 그러다 허술하기 짝이 없는 엘리베이터로 갈아타고 지하로 한없이 내려갈 때는 두려움이 몰려왔습니다. 그렇게 내려갈 수 있는 깊이가 무려 1,025미터라고 했습니다.

광부들이 층마다 타고 내리는데, 층마다 큰 터널이 뚫려 있고 작은 철로가 놓여 있었습니다. 인차를 타고 여러 갈래의 작은 터널들로 갈라져 들

어가는 모양이었습니다. 한참을 내려가 마침내 막장에 이르자 희미한 조명을 의지해 시커먼 석탄가루 속에서 일하고 있는 광부들이 어렴풋이 보였습니다.

석탄을 캐기 위해 지하 암반을 뚫고 지구의 밑바닥까지 내려간 사람들, 그 깊은 곳에 석탄이 묻혀 있다는 걸 찾아낸 것도 대단하고 그런 곳에서 목숨을 걸고 일하는 광부들도 대단했습니다.

그들의 노력 덕분에 누군가는 따뜻한 겨울을 날 수 있었습니다. 또 누군가는 산업 현장에서 에너지로 사용할 수 있었습니다. 나는 이곳을 둘러보며 이런 도전을 받았습니다.

과연 하나님 말씀의 광맥을 찾아가는 나의 노력

은 이들만 했던가!

그 말씀의 깊이를 캐내기 위해 고난의 암반을 뚫고, 미지의 길을 내면서, 깊은 막장까지 이르러 보았는가?

한없는 가벼움으로 현실을 자족하며 소비하고 있지는 않았는가?

마태복음 4장 1-11절에서는 예수님과 사탄의 불꽃 튀는 대결이 펼쳐집니다. 예수님이 공생애 전에 광야로 들어가 성령의 인도하심으로 사탄에게 시험받는 장면입니다. 나는 이 본문을 붙들고 진리의 깊은 밑바닥까지 이르러 보고 싶었습니다. 그 속에서 나는 우리 인생에서 필연적으로 만나게 되는 세 가지 질문과 대면했습니다.

나는 누구인가?
어떻게 살아야 하는가?
무엇을 위해 살 것인가?

   이 질문들의 답을 찾아가면서 나는 시련 속에 박힌 보석을 캐냈고, 깊이 파묻혀 있던 다이아몬드 같은 인생의 진리와 목적을 발견할 수 있었습니다. 말씀에서 파낸 진리는 예외 없이 우리 삶을 완전히 변화시킵니다. 이 책을 통해 삶의 차원이 완전히 달라지는 경험을 하기를 기도합니다.

2015년 농익은 가을 어느 날에
조동천

:: 첫 번째 질문 :: PART 1

나는 누구인가?

그 때에 예수께서 성령에게 이끌리어

마귀에게 시험을 받으러 광야로 가사

사십 일을 밤낮으로 금식하신 후에 주리신지라

시험하는 자가 예수께 나아와서 이르되

네가 만일 하나님의 아들이어든 명하여

이 돌들로 떡덩이가 되게 하라

예수께서 대답하여 이르시되 기록되었으되

사람이 떡으로만 살 것이 아니요

하나님의 입으로부터 나오는 모든 말씀으로

살 것이라 하였느니라 하시니

마태복음 4:1-4

대학 시절에 읽고 인생에 대해 깊이 생각하게 된 단편소설이 있습니다. 그 줄거리는 대략 다음과 같습니다.

한 청년이 열심히 살았지만 워낙 밑천이 없다 보니 투자할 수 없어서 사업을 성공적으로 일으킬 수 없었습니다. 그러던 중 악마가 나타나서 군침을 흘리게 하는 제안을 했습니다.

속이 안 보이는 병 10개를 보여 주면서 이중에 하나에는 독이 있고 나머지 병에는 꿀이 있다는 것입니다. 만일 청년이 이중에 하나를 골라 마신 후 죽지 않으면 원하는 돈을 주겠다고 했습니다.

청년은 처음에는 목숨을 소중히 여겨 단호히 거절하고 돌아왔습니다. 그런데 삶이 힘겨울수록 자꾸 악마의 제안이 떠올랐습니다. 그래서 용기를 내어 악마를 찾아갔습니다. 한 번만 시도해 보겠다고 마음먹고 떨리는 손으로 10개의 병 중 하나를 골랐습니다. 하나님께 한 번만 살려 달라고 기도하고는 마침내 선택한 병을 마셨습니다. 다행히 꿀물이었습니다.

그는 신이 나서 악마에게 약속한 돈을 요구했고, 악마는 그것을 순순히 청년에게 건네주었습니다. 돌아가는 청년의 뒤에다 대고 악마는 이렇게 말했습니다.

"다음에 돈이 필요하면 다시 와라. 배로 줄 테니까."

청년은 절대 그럴 일 없다면서 돌아갔습니다. 쉽게 번 돈은 쉽게 없어지게 마련입니다. 자꾸 배로 준다는 악마의 속삭임이 들려옵니다. 그러다가 결국 다시 찾아가기를 벌써 여덟 번이나 했습니다. 용케 살아서 이제 병은 2개밖에 남지 않았습니다.

청년은 어느새 노인이 되었고, 이제 나이 들어

죽으나 독을 마시고 죽으나 마찬가지겠다 싶어 마지막으로 악마를 찾아갑니다. 이제는 거칠 것 없이 남은 병 둘 중에 하나를 마셨습니다. 놀랍게도 또 꿀물이었습니다. 노인은 승리에 취해 소리를 질렀습니다.

"내가 끝까지 이겼다, 악마야! 내 돈을 내놔라!"

그런데 악마가 의미심장한 웃음을 지으며 나머지 한 병을 자기가 마셨습니다. 그리고 이렇게 말하는 것이었습니다.

"이기긴 뭘 이겨 이놈아! 이것도 꿀물이다. 네가 나를 이긴 것 같으냐? 너는 내 돈만 바라보고 평생을 살지 않았느냐! 인생의 의미도 사랑도 보람도 모르고 내 돈의 노예가 되어 네 영혼을 팔지 않았느냐!"

당신은 자신이 꿈꾸던 것을 다 이루면 성공한 인생이라고 장담할 수 있습니까? 우리는 때로 '내가 원하는 것을 이루는 것을 성공'이라고 착각합니다. 그러나 내가 원하는대로 다 이루어져도 인생의 철저한 패배자가 될 수 있음을 잊지 말아야 합니다.

만약 내 삶의 여정을 보시는 하나님께서 고개를 설레설레 흔드신다면, 그리고 악마가 미소를 짓고 있다면, 내가 원하는 것을 이루고도 우리는 영원한 실패자가 될 수밖에 없습니다. 그러므로 자신의 인생에 대한 진지한 성찰이 필요합니다.

인생에서 순간순간 다가오는 질문이 있다면 크게 세 가지입니다.

첫째는 '나는 누구인가' 하는 '삶의 정체성'을 묻는 질문입니다. 둘째는 그 정체성에 따라 '어떻게 살 것인가' 하는 '삶의 태도'에 대한 질문입니다. 셋째는 '무엇을 위해 살 것인가' 하는 '삶의 목적'에 관한 질문입니다.

이 세 가지는 끊임없이 우리의 일상을 파고드는

피할 수 없는 도전입니다. 생각해 보십시오. 정체를 모르는 물건처럼 '내가 누구'인지 확고한 자리매김이 없는 인생이라면 의미 없고 무가치한 삶을 살다가 끝날 수 있습니다.

정체성이 확고하더라도, 그에 합당한 삶의 태도와 기준을 바르게 지니고 있지 않다면, 사용법을 모르는 물건을 대하듯 답답하고 불안한 일입니다. 이리저리 쓸려 다니다가, 여기저기서 얻어터지고 실패한 인생으로 끝날 것이 뻔합니다. 그러므로 '내가 누구인가'를 확정했으면 '어떻게 살 것인가'를 명확히 알고 있어야 합니다.

하지만 확고한 정체성과 바른 삶의 태도를 가지고 있더라도 삶의 목적이 잘못되었다면, 아군에 떨어진 포탄처럼, 진지할수록 희생적이고 종말이 비참할 것입니다. 목적, 즉 방향이 잘못되면 열심히 살아가는 것 자체가 절망을 불러오게 됩니다.

그러니 인생에서 이 세 가지 도전 중에 중요하지

않은 것이 없습니다.

누구든 가치 있는 생을 살고 싶다면, 젊음이 다 소진되기 전에 반드시 이 질문에 대한 명확한 해답들을 가지고 있어야 합니다.

예수님도 공생애를 시작하시기 전에 광야로 달려가 이 세 가지 질문에 대한 명확한 입장을 정리하셨습니다.

chapter 01

흔들리는 정체성을 붙잡으라

　　　　　　하나님께서는 오늘날 우리에게 인생의 세 가지 도전 중 첫 번째인 '나는 누구인가'라는 질문을 던지십니다. 예수님이 광야에서 받은 시험 중 첫 번째 시험이 이 질문과 관련되어 있습니다. 이 질문은 가장 기본적이면서도 나머지 두 질문을 결정하는 기준이 됩니다. 그러나 그 답을 찾기가 결코 쉽지 않습니다.

　1944년 7월 16일, 본회퍼(Dietrich Bonhoeffer) 목사

님이 감옥에서 쓴 〈나는 누구인가?〉라는 시를 보아도 알 수 있습니다.

> 나는 누구인가?
> 사람들이 종종 내게 말하기를 감방에서
> 걸어 나올 때 마치 영주가 자기 성에서 나오듯
> 침착하고, 활기차고, 당당하다고 한다.
>
> 나는 누구인가?
> 사람들은 종종 말하기를 내가 간수에게
> 말을 건넬 때 마치 내가 명령하는 사람인 양
> 자유롭고, 다정하고, 분명하다고 한다.
>
> 나는 누구인가?
> 사람들은 또 말하기를 마치 내가 승리에
> 익숙한 사람인 양 불행한 나날을 견디면서
> 평화롭고, 미소를 지으며, 자연스럽다고 한다.

나는 정말 다른 사람이 말하는 그런 사람인가?

아니면 나는 다만 나 자신이

알고 있는 그런 사람에 불과한가?

새장에 갇힌 새처럼

불안하게 뭔가를 갈망하다가 병들고

목이 졸린 사람처럼 숨 가쁘게 몸부림치고

빛깔과 꽃과 새소리를 그리워하고

친절한 말과 인간다운 친근함을 그리워하고

사소한 모독에도 분노에 떨며

대사면을 간절히 기대하고

멀리 떨어진 친구를 그리워하다 낙심하며

슬퍼하고 기도하고 생각하고

글 쓰는 일에 지쳐 허탈에 빠지며 의기소침하여

모든 것과 작별하려는 그런 존재

나는 누구인가?

전자인가 후자인가?

오늘은 이런 인간이고 내일은 다른 인간인가?

타인 앞에서는 경멸할 수밖에 없는

가련한 약자인가?

나는 누구인가?

이 고독한 물음이 나를 비웃는다.

내가 누구인지

오, 하나님 당신께서는 알고 계십니다.

나는 당신의 것입니다.

생각해 보십시오. 본회퍼 목사님처럼 자신의 사명에 확고한 하나님의 사람조차 내가 누구인지 고뇌하고 있습니다. 하물며 우리 같은 평범한 사람들은 얼마나 혼란스럽겠습니까? 우리는 사람들의 평가와 자신이 느끼는 현실의 자아가 일치하지 않을 때, '나는 도대체 누구인가'라는 고독한 물음을 하게 되고 그때마다 혼란을 겪게 됩니다.

찰스 디킨스(Charles Dickens)의 소설 중에 나오는 인물인 시드니 카트니는 늘 독주(毒酒)에 취해 있었습니다. 그는 어느 날 거울 속에 비친 자신을 바라보며 이렇게 말합니다.

"내가 너인 줄은 미처 몰랐다."

그는 거울을 깨뜨려 버렸습니다. 이는 자아의 정체성을 깨뜨리는 상징적인 행동이었습니다. 백설공주의 계모 왕비는 매일 거울을 들여다보며 누가 가장 아름답냐고 묻고 또 묻습니다. 그러나 매번 확신이 서지 않습니다.

인간은 이처럼 끊임없이 순간순간 드러나는 낯선 자기 자신을 들여다보며 '이게 아니야' 하면서 거울을 깨뜨리듯이 무너뜨리고 또 무너뜨립니다.

철학도 '나는 누구인가'라는 이 질문에서 시작되었습니다. 고대의 철학자들이 우주적 담론을 펼치고 있을 때, 소크라테스는 델피의 아폴론 신전에 기록된 '너 자신을 알라'는 명제를 화두로 꺼냄으로써 철학의 방향을 틀어 놓았습니다. 노자는 "남을 아는 사람은 현명하고 자기자신을 아는 사람은 덕 있는 사람"이라고 했습니다. 현대적 감각으로 쉽게 쓴 철학책이라는 평을 듣고 있는《소피의 세계》에서도 "너는 누구냐"라고 적힌 한 장의 편지가 한 소녀에게 전달됨으로써 이야기가 시작됩니다. 고대든 현대든 시대를 막론하고 '나는 누구인가'라는 정체성의 문제로 철학의 세계가 펼쳐지고 있는 것입니다.

따사로운 봄날 쇼펜하우어(Arthur Schopenhauer)가 깊은 생각에 잠겨 길을 걷다가 앞에서 오는 사람과 부딪쳤습니다. 앞에서 오던 사람이 화가 나서

"도대체 당신 누구요? 앞이나 똑똑히 보고 다니시오." 하며 짜증을 냈습니다. 그때 쇼펜하우어가 대답했습니다.

"글쎄 말입니다. 내가 누구인지 나도 모릅니다. 그래서 깊이 생각하고 있었습니다."

에이브러햄 링컨의 생애를 22년 동안 연구해서 그의 전기를 쓴 사람이 칼 샌드버그(Carl Sandburg)입니다. 샌드버그는 이로 인해 전 세계의 찬사를 받았습니다. 어느 날 친구가 찾아와 그에게 물었습니다.

"에이브러햄 링컨을 연구하느라 그동안 참 수고가 많았네. 그런데 여보게, 이제부터는 무엇을 할 텐가?"

샌드버그는 진지하게 대답했습니다.

"이제부터는 샌드버그란 어떤 인간인가를 자세히 알아보려고 하네."

우리는 남을 알기 위해서는 시간과 정성을 수없

이 투자하면서 정작 자신을 알기 위해서는 신중하게 시간과 정성을 기울이지 않습니다. 그런 탓에 사탄의 유혹을 받으면 쉽게 넘어져 멋대로 살아가게 됩니다.

예수님은 자신이 누구인지 분명히 알았기 때문에 사탄의 간교한 유혹을 물리칠 수 있었습니다. 당신은 자신을 누구라고 생각합니까?

고린도후서 13장 5절에도 "너희 자신을 시험하고 너희 자신을 확증하라"고 하였습니다. 내가 누구인지 모르면 어떻게 살아가야 할지, 무엇을 위해 사는지 모를 수밖에 없습니다. 잡혀 먹기 위해 부지런히 먹고 살찌는 돼지처럼 생각 없이 사는 고깃덩어리에 불과하게 됩니다.

창세기에서 하나님께서 아담에게 던지신 질문도 이것입니다.

"아담아 네가 어디 있느냐?"

범죄한 인간에게 하나님이 가장 먼저 던지신 질문입니다. 자기의 자리를 망각하고, 자아를 잃어버린 인간은 마땅히 스스로에게 던져야 하는 질문마저 할 수 없었습니다. 그래서 하나님께서 친히 대신 질문을 던지신 것입니다.

　요즘처럼 하루가 다르게 변하는 시대에 '나는 누구인가?'라는 질문에 자신 있게 대답할 사람이 얼마나 되겠습니까? 그러나 내 안에 확고한 대답이 없으면, 유실된 포탄을 주워들고 무엇인지 몰라 신기해서 여기저기 두드려 보며 노는 아이들의 무모함처럼 위험합니다. 그런 인생은 목적지도 모르고 떠나는 항해처럼 파란만장하고 정처 없을 것입니다. 의미도 없고, 날마다 혼돈만 겪게 될 것입니다. 하나님의 부르심 앞에서도 깔끔하게 자신을 드릴 수 없을 것입니다.

02

사탄의 정체성의 기준에 속지 마라

도대체 우리는 정체성을 어디서 찾을 수 있을까요? 왜 이렇게 인간은 '나는 누구인가'라는 질문 앞에서 갈팡질팡하게 되는 걸까요? 그 이유는 인간이 오랫동안 사탄이 제시한 방법에 속아 길들여져 있었기 때문입니다. 사탄이 제시한 방법이란 이런 것입니다.

네가 만일 하나님의 아들이어든 명하여 이

돌들로 떡덩이가 되게 하라 마 4:3

사탄의 이 같은 도전에는 인간이 오랫동안 정체성을 찾기 위해 구한 잘못된 방법이 그대로 드러나 있습니다.

먼저 이 유혹의 구조를 보면, 앞부분에 정체성에 대한 심각한 도전이 나옵니다.
"네가 만일 하나님의 아들이어든…."
이것이 사탄이 진짜 흔들고 싶은 초점입니다. 그런데 이것은 조건문으로 되어 있습니다. "네가 만일…이어든", 다시 말해, 어떤 조건하에서만 하나님의 아들로서의 정체성이 성립된다는 말입니다. 그 조건이 무엇입니까? 이어서 나오는 "이 돌들이 변하여 떡덩이가 되게 하라"입니다. 돌들이 떡덩이가 되게 하면 하나님의 아들이고, 그렇지 않으면 하나님의 아들이 아니라는 말입니다. 다시 말해 마귀가 계속 물고 늘어지는 것은 예수님이 하나님의 아들이 아니라는 것입니다. 정체성을 흔드는 말입니다.

이것을 일반화하면 오랫동안 인류를 무력하게 만든 사탄의 전략이 드러납니다. 그것은 곧 사탄이 우리를 속이고 길들여 온 전략입니다. 바로 '한 사람의 능력이 그 사람의 정체성을 결정한다'입니다. 능력이나 경제력으로 그 사람의 정체성을 평가하겠다는 것입니다. 그런데 과연 그렇습니까?

이 시대를 보면 사탄의 전략은 제대로 먹힌 것 같습니다. 사탄이 우리를 속인 방법을 의심도 하지 않고 삶의 기준으로 삼고 있으니까요. 세상 사람들은 이 기준에 따라 서로를 평가하고 판단합니다. 심지어 자기 자신에 대해서도.

그러나 이것은 저울이 잘못됐는데 비만이라고 걱정하는 것과 같습니다. 휘어진 잣대로 길이를 재는 것처럼 어리석은 짓입니다. 이 같은 사탄적 논리 방식으로 자신의 정체성을 잘못 파악해서 하나님께 꾸중을 들은 성경의 위인들이 있습니다.

　모세도 그런 사람 중 하나입니다. 모세가 바로의 궁에서 왕자로서 권세가 있었을 때는 애굽 사람을 쳐 죽일 만큼 자만심이 대단했습니다. 하지만 바로의 궁에서 도망쳐 광야에서 남의 양이나 치게 되자 그의 자존감은 형편없었습니다. 그런 그를 하나님께서 찾아와 부르셨습니다.

> 내가 누구이기에 바로에게 가며 이스라엘 자손을 애굽에서 인도하여 내리이까 출 3:11

　하나님의 부르심 앞에서 모세는 이렇게 항변합니다. 지금 그가 자신을 어떻게 생각하고 있는지를 드러내는 말입니다. 모세는 지금 자신의 소유와 능력에 따라, 자신의 과거의 성패에 따라 자신이 누구인지를 결정하고 있습니다. '내가 누구이기에'라며 자신을 형편없는 실패자로 취급하고 있습니다. 가진 소유와 능력으로 자신을 평가하기 때문입니다. 자존감이 이렇게 형편없으니 모세는 하나님의 부르심에 몇 번이나 거절했고, 하나님은 그런 그를 책망하셨습니다. 잘못된 정체성을 가지면 하나님의 부르심에 응답할 수 없습니다.

사탄의 이런 논리에 당한 또 한 사람이 있습니다. 열왕기상에는 하나님께 크게 쓰임 받은 후에 곧바로 정체성이 흔들려 초라해진 인간의 모습이 나옵니다. 바로 엘리야입니다. 엘리야는 850명의 바알 선지자들과 아세라 선지자들과의 대결에서, 하늘에서 불이 내려오게 함으로 하나님이 하나님임을 온 백성이 깨닫게 했습니다.

그리고 큰비가 내리는 악천후에도 불구하고, 누가 시키지도 않았는데 아합의 마차보다 빨리 달려가며 폼을 잡았습니다. 그는 자신을 최고의 존재로 인식하고 환호성을 질렀습니다(왕상 18:45-46).

그렇게 자신감에 차 있던 그가, 바로 다음 장면에서 왕비 이세벨이 자기를 죽이기로 결심한 줄 알고는, 광야로 도망하여 로뎀나무 아래서 죽여 달라고 하나님께 반항합니다(왕상 19:1-4).

위대한 선지자 엘리야도 자신의 정체성을 자신의 능력과 소유에 따라 결정했던 것입니다. 그러니 하루는 거칠 것이 없는 준마처럼 달리다가, 하루아침에 죽은 개처럼 초라한 몰골이 된 것입니다.

당신은 어떻습니까? 다른 사람의 능력이나 소유와 비교해서 나의 나됨을 평가하지 않습니까? 나의 업적이 있거나 사회적 위치가 있으면 한없이 교만해졌다가 그런 것이 없으면 한없이 초라해지지 않습니까? 탁월한 능력의 소유자 앞에서는 한없이 초라해진 자아에 짓눌리고, 무능한 사람들 앞에서는 군주처럼 군림하려 들지는 않습니까? 주식이 오르면 싱글벙글하다가 주식이 떨어지면 절망해서 짐승처럼 부르짖지 않습니까? 대기업에 취직하면 귀공자나 된 듯이 우쭐하고, 실직당하니까 아무렇게나 구겨진 휴지처럼 초라하고 쓸모없게 느껴지지 않습니까?

  우리는 너무나 오랫동안 사탄의 속임수에 속아 왔습니다.

03

그리스도인의
정체성은
말씀에 있다

　　　　　예수님은 마귀의 이 같은 정체성 혼란 계략에 속아 넘어가지 않으셨습니다. 주님은 마귀의 이런 잣대 자체를 거부하셨습니다.

> 예수께서 대답하여 이르시되 기록되었으되 사람이 떡으로만 살 것이 아니요 하나님의 입으로부터 나오는 모든 말씀으로 살 것이라 마 4:4

예수님은 먼저 "기록되었으되"라고 말씀하셨습니다. 이것은 정체성의 근거를 예수님 자신의 형편이나 능력에 둔 것이 아니라, 하나님의 말씀에서 찾고 있다는 것을 의미합니다.

세례 요한도 사람들이 "네가 누구냐" 물을 때에 "선지자 이사야의 말과 같이"라고 말씀에서 자신의 정체성을 찾았습니다(요 1:19-23).

예수님이 인용한 이 말씀은 신명기 8장 3절의 말씀입니다.

> 사람이 떡으로만 사는 것이 아니요 여호와의 입에서 나오는 모든 말씀으로 사는 줄을 네가 알게 하려 하심이니라 신 8:3

출애굽한 이스라엘 백성은 광야에서 주리고 목이 마르자 차라리 애굽의 생활이 나았다며 하나님을 원망하고 모세를 죽이려 했습니다. 이스라엘 백성은 그들이 하나님의 부르심을 받아 구원의 역사를 체험한 자유인임을 망각한 것입니다. 다시 말해 먹고 마시는 것만 해결된다면 다시 노예의 삶으로 돌아가도 좋다는 것입니다.

소유와 능력의 문제로 자신들의 정체성을 결정하니까 하나님의 백성이라는 정체성을 헌신짝처럼 버리게 된 것입니다. 즉 그들은 굶주렸을 때 하나님을 의심하고 자신의 존엄성을 스스로 포기하고 하나님의 백성으로서의 신분을 쉽게 망각했던 것입니다.

그들은 "너는 내 백성이 되고 나는 너희의 하나님이 되리라"는 약속의 말씀을 현실의 형편 때문에 저버렸습니다. "내가 거룩하니 너희도 거룩할지니라" 하셨는데, 노예의 신분으로 살더라도 배불리 먹겠다고 합니다. 하나님의 백성이라는 자유인의 정체성보다 애굽의 가마솥을 갈망했습니다. 팥죽 한 그릇을 먹기 위해 장자권이라는 중요한 정체성을 팔았던 에서의 어리석음을 그대로 반복하고 있습니다. 선악과 하나에 영생을 포기한 아담과 하와가 여기에 있습니다.

예수님은 마귀의 잘못된 접근 자체를 허용하지 않으십니다. 마귀는 '할 수 있느냐 없느냐'라는 능력의 문제로 정체성을 결정하려 하지만, 예수님은 그 논리 자체를 용납하지 않으셨습니다. '떡'이 아니라 '말씀'으로 산다는 선언은 '돌이 떡이 되도록 하는 인간의 능력의 문제'도 아니고, '떡이라는 경제적 소유의 문제'도 아님을 분명히 한 것입니다.

우리의 정체성을 결정하는 기준은 인간의 형편이나 처지에 있는 것이 아니라, 하나님의 말씀, 즉 '하나님께서 나를 어떻게 보고 계시느냐'에 있습니다. 예수님은 하나님의 말씀에서 자신의 정체성을 확고히 하셨습니다.

예수님이 자신의 정체성으로 확고히 붙들고 있

는 하나님의 말씀이란 무엇입니까? 이 장면 바로 앞에 나오는 마태복음 3장에서는 예수님이 세례 받는 장면이 나옵니다.

> 예수께서 세례를 받으시고 곧 물에서 올라오실새 하늘이 열리고 하나님의 성령이 비둘기같이 내려 자기 위에 임하심을 보시더니 하늘로부터 소리가 있어 말씀하시되 이는 내 사랑하는 아들이요 내 기뻐하는 자라 하시니라 마 3:16-17

예수님은 하나님께 헌신했고, 성령을 체험했으며, 무엇보다 하나님의 말씀을 들었습니다. 예수님께 중요한 것은 "이는 내 사랑하는 아들이요 내 기뻐하는 자라"는 하나님의 말씀이었습니다.

여기에 인간의 정체성을 이해하는 중요한 기

준이 있습니다. 예수님은 사탄이 오랫동안 써먹던 정체성 평가의 패러다임을 완전히 바꿔 놓으셨습니다. 능력이 아니라 말씀이 기준이라는 것입니다. 예수께서 제시한 것은 마귀가 사용한 형태(form)에 대한 강력한 대체형태(counter form)입니다.

이제 당신은 누구의 기준에 따라, 누구의 패러다임에 따라 자신의 정체성을 결정하시겠습니까?

예수님은 우리가 속고 길들여져서 잘못 이해하고 있는 정체성의 고리를 끊어 버리셨습니다. 소유의 수준이나 능력의 유무로 하나님의 아들이라는 정체성이 결정되는 것이 아니라 '하나님의 입에서 나오는 말씀'에 나의 나됨이 있습니다. 예수님은 세례받으실 때 들은 하나님의 말씀에 정체성의 뿌리를 견고히 내리셨습니다. 성도의 정체성의 근거도 이래야 합니다.

예수님을 주로 고백하고 하나님을 예배하며 사

는 여러분, 당신은 도대체 누구입니까? 사탄은 항상 우리의 치명적인 약점을 통해서 우리의 정체성을 흔들려고 합니다. 성경은 예수님이 마귀에게 시험받으실 때의 상황을 40일을 금식하신 후 "주리신지라"라고 표현하고 있습니다. 당신의 주린 상황, 결핍의 상황, 갈망하지만 현실이 따르지 않는 궁핍의 상황은 무엇입니까?

그것은 직장의 문제일 수도 있고, 가정의 문제일 수도 있고, 경제적인 문제나 인간관계의 문제일 수도 있습니다. 그 결핍의 상황이 당신의 정체성을 뒤흔들도록 내버려 두지 마십시오. 하나님의 말씀에서 자신의 정체성의 뿌리를 견고히 하십시오.

> 영접하는 자 곧 그 이름을 믿는 자들에게는 하나님의 자녀가 되는 권세를 주셨으니 요 1:12

하나님의 자녀됨의 확신을 가지십시오. 예수님을 믿으면, 곧 예수님을 마음에 모시고 입으로 시인하면, 하나님의 자녀가 되는 법적인 효력이 발생합니다. 그러므로 당신은 이미 하나님의 자녀입니다. 하나님의 아들과 딸들입니다. 하늘의 왕자와 공주가 된 자기의 정체성을 잊지 마십시오. 그래야 유혹에 넘어가지 않고 추하고 헛되게 세월을 낭비하지 않습니다. 공주병과 왕자병에 걸리려면 이 정도는 돼야 합니다.

하나님의 아들과 딸이라는 확고한 믿음이 있어야 떳떳하고 강하게 자신을 지켜 갈 수 있습니다. 요셉처럼, 본회퍼 목사님처럼 감옥에 들어가는 한이 있어도 하나님의 택한 백성임을 잊지 않고 죄악에서 자신을 지킬 수 있습니다.

예수님은 자신이 하나님의 아들이라는 인식이 뚜렷했기에 왕이 되는 것도 거부하시고, 사람의 칭찬에도 마음을 두지 않으셨습니다. 그저 하나님의 아들로서 가야 할 길을 묵묵히 걸으셨습니다. 제자들마저 이해하지 못해 극구 말리는 십자가의 길을 가셨습니다. 그리고 마침내 인류를 구원하셨습니다.

예수님은 평생을 집도 없는 방랑자로 살았지만 전혀 기죽지 않으셨습니다. 헤롯의 궁전을 부러워하지 않으셨습니다. 학벌이 없었지만 모든 사람을 가르치셨고, 당시 저명한 랍비들의 잘못을 지적하셨습니다. 말(馬)도 한 마리 없어서 늘 걸어서 다니셨고 아주 잠깐 나귀를 빌려 타셨습니다. 하나님의 아들이라는 정체성이 확고했기에 어떤 형편에 처하든 당당하게 자기 길을 걸으셨습니다.

사람의 생명이 그 소유의 넉넉한 데 있지 않습니다. 인생의 가치도 그의 소유의 많고 적음에 있지 않습니다. 하나님의 말씀에 얼마나 붙들려 있느냐가 중요합니다.

영접하는 자 곧 그 이름을 믿는 자에게는 하나님의 자녀가 되는 권세를 주셨다는 말씀을 믿습니까? 그렇다면 당신은 하나님 나라의 왕자와 공주입니다. 온 우주의 주인이시고 통치자이신 지존하신 하나님의 자녀입니다.

이제 어깨를 쭉 펴십시오. 예수를 믿으면 하나님의 자녀입니다. 누가 뭐래도 하나님의 자녀입니다. 가방 끈이 짧아도 왕자는 왕자요, 현실이 가난해도 공주는 공주입니다.

나의 가장 큰 약점이 사탄이 걸고넘어지는 수단입니다. 당신의 가장 큰 약점은 무엇입니까? 당신은 무엇 때문에 자아의식을 상실하고 낙심에 빠져 있습니까?

요셉은 보디발 장군 집의 노예였습니다. 노예가 그의 현실이었고, 피할 수 없는 사회적 신분이었습니다. 그는 자신의 현실을 잘 받아들였고, 순응했습니다. 그렇다고 요셉이 자신의 정체성을 애굽의 노예로 가지고 있었다고 오해해서는 안 됩니다.

요셉이 인식한 자신의 정체성은 보디발 아내의 유혹에서 분명히 드러났습니다.

보디발의 아내가 유혹하며 성적 쾌락을 요구했을 때, 요셉은 자신이 하나님 앞에 선 거룩한 자라는 정체성을 분명히 했습니다.

현실은 노예의 신분이었으나, 그의 정체성은 하나님의 백성이었습니다. 그에게는 하나님의 백성이라는 신분증도 없었고, 사람들이 알아주지도 않았지만, 하나님과의 관계 속에서 얻은 이 사실을 확실히 붙잡았습니다.

이 정체성을 지키기 위해 요셉은 천신만고 끝에 얻은 보디발 집의 총무 자리도 버려야 했습니다. 게다가 더러운 누명을 쓰고 감옥에 갇혀야 했습니다.

이처럼 요셉에게 있어서 중요한 정체성의 근거

는 '하나님께서 나를 어떻게 보시느냐'였지, '사람들이 나를 어떻게 인정하느냐, 내 처지가 어떠한가'에 달려 있지 않았습니다.

하박국 선지자는 전쟁이라는 국가적 재난의 비극 아래서 아무것도 할 수 없는 무능한 선지자로서 정체성의 혼란을 겪어야 했습니다. 그래서 한때 하나님께 항변도 했지만, 종국에 가서는 즐겁게 승리의 노래를 불렀습니다.

> 비록 무화과나무가 무성하지 못하며 포도나무에 열매가 없으며 감람나무에 소출이 없으며…외양간에 소가 없을지라도 나는 여호와로 말미암아 즐거워하며 나의 구원의 하나님으로 말미암아 기뻐하리로다 합 3:17-18

자기의 존재를 사슴처럼 높이시는 하나님을 자기의 힘이라고 고백하면서, 자기 속에 몰아치는

"네가 하나님의 사람, 의인이냐"는 마귀의 논리를 초개처럼 날려 버렸습니다.

> 주 여호와는 나의 힘이시라 나의 발을 사슴과 같게 하사 나를 나의 높은 곳으로 다니게 하시리로다 합3:19

사도 바울은 율법주의자들에게 공격을 받았고, 과거 실패한 경험으로 인한 자책도 있었고, 동료들로부터 배신을 당했으면서도 이렇게 외쳤습니다.

> 이 후로는 누구든지 나를 괴롭게 하지 말라 내가 내 몸에 예수의 흔적을 지니고 있노라 갈6:17

나의 나됨을 예수 안에서, 하나님의 말씀에서 찾았던 위대한 믿음의 사람들의 확고한 고백을 하

하나님께서는 당신에게서도 듣고 싶어 하십니다.

"나는 누구인가? 이 고독한 물음이 나를 비웃는다."

이런 절박한 현실 앞에서도 본회퍼 목사님이 외쳤던 마지막 말을 기억하십시오.

"내가 누구인지, 오, 하나님 당신께서는 알고 계십니다. 나는 당신의 것입니다."

:: 두 번째 질문 :: **PART 2**

어떻게 살 것인가?

이에 마귀가 예수를 거룩한 성으로 데려다가

성전 꼭대기에 세우고

이르되 네가 만일 하나님의 아들이어든 뛰어내리라

기록되었으되 그가 너를 위하여 그의 사자들을 명하시리니

그들이 손으로 너를 받들어

발이 돌에 부딪치지 않게 하리로다 하였느니라

예수께서 이르시되 또 기록되었으되

주 너의 하나님을 시험하지 말라 하였느니라 하시니

마태복음 4:5-7

'내가 누구냐?'라는 존재에 대한 문제가 해결되면 이제는 '어떻게 살 것인가' 하는 삶의 태도 문제가 우리에게 다가옵니다. '누구인가'라는 존재 의식도 중요하지만 '어떻게 살 것인가'는 더욱 중요합니다.

예수님은 사탄에게 '나는 하나님의 아들이다'는 정체성을 분명히 하셨습니다. 정체성이란 말씀에 근거해서 결정되는 것이지 소유나 경제력이나 환경에 의해 결정되는 것이 아님을 분명히 하신 것입니다.

예수님 당시 이스라엘은 로마의 속국으로서 나라 잃은 서러움을 탄식하며 메시아의 나타남을 고대하며 살았습니다. 따라서 이스라엘에게 메시아란 자기들을 구원할 만큼 비범할 것으로 기대되었습니다. 그날도 사람들은 메시아를 고대하며 성전에 모여 기도하고 있었을 겁니다. 그때 마귀는 예수님을 성전 꼭대기에 세워 놓고 이렇게 속삭였을지도 모릅니다.

"시대가 영웅을 기다린다."

때로 우리는 슈퍼맨이 기다려지는 안타까운 상황에 처하고, 배트맨이라도 되고 싶은 울분에 사로잡힐 때가 있습니다. 예수님 당시 군중들은 이런 기대로 메시아를 기다렸습니다. 유대 민족을 하나님의 초능력으로 단번에 구원해 주기를 바랐습니다.

그런데 예수님은 이런 사람들의 기대를 누구보다 잘 알면서도 어떻게 살기로 결정하셨을까요? 사실 '어떻게 살 것인가'는 '나는 누구인가'가 결정합니다.

지그 지글러(Zig Ziglar)가 쓴 《정상에서 만납시다》에는 17년 동안 지적장애인처럼 살았던 한 천재에 대한 이야기가 나옵니다. 빅터 세리브리아코프는 열다섯 살 때 어느 선생님께 충적격인 소리를 듣습니다.

"너 같은 지적장애인은 공부해도 소용없어! 장사나 하는 것이 낫다."

이 말을 듣고 그는 17년 동안이나 자신이 지적장애인인 줄 알고 지적장애인처럼 살았습니다. 그런데 그가 32세 때 우연히 하게 된 IQ 검사에서 161이라는 경이적인 결과를 얻게 되었습니다. 이후 그는 지적장애인이 아니라 천재처럼 행동하기 시작했습니다. 수많은 책을 썼고, 특허를 냈고, 기업가가 되었습니다. 그리고 IQ 132 이상만 가입할 수 있는 멘사(mensa) 클럽의 명예회장까지 지냈습니다.

자신을 지적장애인으로 인식하면 사실과 상관없이 지적장애인으로 살게 됩니다. 반대로 천재로 인식하면 천재로 살게 됩니다. 이처럼 '정체성'은 철저하게 '삶의 태도'를 지배합니다.

'김또깡'이라 불리던 김두환은 원래 거지였고, 자타가 공인하는 깡패였습니다. 그러던 어느 날, 김두환은 자신이 청산리대첩의 영웅 김좌진 장군의 아들이라는 사실을 알게 되었습니다. 이후 그가 삶을 대하는 태도는 완전히 달라졌습니다. 할 일 없이 깡패로 전전하던 그가 장군의 아들다운 품위와 명예를 중시하는 사람으로 바뀐 것입니다.

찰스 스윈돌(Charles Swindoll)이 말한 대로 인생에서 삶의 태도(attitude)가 중요하지만, 그것은 철저하게 정체성 인식에 의해 좌우된다는 것을 알아야 합니다.

이처럼 '내가 누구인가'라는 정체성은 '내가 어

떻게 살 것인가'라는 삶의 태도를 결정합니다.

사람들은 어떤 사회적 신분과 그 신분에 걸맞은 삶의 태도나 행동 규범을 암묵적으로 합의하고 규정해서 살아갑니다. 그래서 누가 말하지 않아도 거지는 지저분하게 살고, 대기업의 회장은 떵떵거리고, 정치인은 권모술수에 능해야 하는 것처럼 신분에 따른 삶의 양태가 정해져 있습니다.

세상의 권세 잡은 자인 마귀는 하나님의 아들은 어떠해야 한다는 세상적인 기준으로 예수님을 압박했습니다. 하나님의 아들은 멋진 영웅이어야 한다는 것입니다. 우리 역시 이 규정에 함몰되어 있습니다. 세상의 기준과 전혀 다른 질서 속에서 살기란 참으로 어렵습니다.

요한복음 9장에는 어느 시각장애인이 나옵니다. 그는 몸이 불편한 것은 고사하고 마음고생이 아주 심했습니다. 유대인들은 나면서 시각장애인이 된 것을 그 부모나 본인의 죄 때문이라고 생각했습니다. 그런 까닭에 이 시각장애인도 사람들의 놀림을 받아도 항변하지 못했고 아무 데도 쓸데없는 죄인으로 동냥이나 하면서 살았습니다.

그러던 어느 날 예수님이 그에 관하여 "그에게서 하나님의 하시는 일을 나타내기 위함"이라고 말씀하셨습니다. 제자들이 그가 나면서 시각장애인이 된 것은 그 자신 때문인지, 아니면 그 부모의 죄 때문인지를 예수님께 물었을 때 예수님의 대답이 그랬던 것입니다. 그로 인해 그는 자신이 죄인도 거지도 아닌 하나님의 영광을 드러내는 값진 존재임을 깨닫게 되었습니다. 그래서 자칭 의인이라 으스대는 바리새인들에게 출회를 당하는 절망적인 상황에서도 그는 당당하게 예수를 전파할 수 있었습니다. 사람들의 손가락질과 비아냥거림을 당연한 것으로 받아들이던 그가 어느 순간 급변해서 자기 목소리를 내는 사람이 된 것입니다.

어떻게 이런 변화가 일어난 것일까요? 정체성이 바뀌었기 때문입니다. 정체성이 바뀌면 삶의 태도(양식)도 바뀝니다. 예수님의 말씀 앞에서 자기 정체성을 찾으면 세상 사람들의 잘못된 평가와 기준에 휘둘리지 않게 됩니다. 오히려 가장 용감하고 위대한 하나님의 사람으로 바뀝니다.

당신은 어떻습니까? 세상이 암묵적으로 강요한 자기 정체성과 그에 따른 삶의 태도 때문에 눌려 있지는 않습니까? 세상이 요구하는 기준에 자신을 맞추려고 비굴하게 살고 있지는 않습니까? 그리스도인답지 않게, 하나님의 자녀답지 않게 세상이 정해 준 정체성에 따라 자신의 한계를 정해 놓고 살아가지는 않습니까?

그런데 놀랍게도 우리는 장군의 아들 정도가 아니라 하나님의 아들입니다. 그러니 남들이 다 거지라고 손가락질해도 왕자처럼 품위 있게 행동하십시오. 남들이 다 공주님이라고 떠받들더라도 마치 하녀처럼 겸비하십시오. 물론 그랬을 때 출교당한 시각장애인처럼 왕따당할 수 있습니다. 그렇더라도 말입니다.

하나님은 하나님의 자녀인 당신이 어떻게 살아야 하는지 이미 말씀하셨습니다.

마귀는 첫 번째 시험을 통해서 예수님이 하나님의 아들이라는 정체성을 말씀에 근거해서 확고히 갖고 있음을 알았습니다(1-4절). 마귀는 정체성의 문제로 예수님을 흔들 수 없음을 알았습니다.

그래서 이제는 그 정체성에 걸맞지 않은 삶의 방식을 주입함으로써 예수님을 흔들기로 작정합니다.

> 네가 만일 하나님의 아들이어든 뛰어내리라 기록되었으되 그가 너를 위하여 그의 사자

들을 명하시리니 그들이 손으로 너를 받들어 발이 돌에 부딪치지 않게 하리로다 마 6:6

    마귀는 지금 하나님의 아들이라면 높은 곳에서 뛰어내려도 다치지 않을 것이라고 말합니다. 마귀는 과연 무슨 의도로 이렇게 말한 걸까요?

    하나님의 아들이라는 정체성을 마귀 자신이 규정하려는 의도입니다. 하나님의 아들이라면 자연의 법칙을 초월할 수 있지 않느냐, 전지전능한 하나님이 특별한 보호를 해주지 못하겠느냐는 것이 마귀가 규정한 하나님의 아들의 정체성입니다. 더구나 그날은 명절이라 수많은 무리가 모였습니다. 수많은 사람들이 보는 가운데 초월의 힘을 보여주고 하나님의 아들로 화려하게 데뷔하라고 부추긴 것입니다.

    마귀의 요구가 그럴듯하지 않습니까?

예수님은 전능하신 하나님의 아들입니다. 천사들의 경배를 받는 존재입니다. 그러니 당연히 물도, 불도, 중력도 해치지 못하는 존재임을 입증하라는 것입니다.

우리도 하나님의 자녀가 되었습니다. 그러면 하나님의 자녀로서 어떤 혜택을 누리고 있습니까? 예수를 믿고 성령을 받았으니 하나님의 자녀로서 특별한 보호를 받아야 하는 것 아닙니까? 남들에게 인정받는 스타가 되어야 하지 않겠습니까? 기적의 사도처럼 살아야 하는 것 아닙니까? 그렇게 예수를 믿음으로써 특별한 삶을 사는 우리를 보고 세상 사람들이 하나님의 임재를 알아보아야 하는 것 아닙니까?

하지만 현실은 그렇지 않습니다. 세상 사람들과 다른 특별함은 없습니다. 예수를 믿어도 위기와 고난을 만나고 현실은 녹록지 않습니다.

주 너의 하나님을 시험하지 말라 마 4:7

사탄의 부추김에 예수님은 이렇게 일갈하셨습니다. 사탄의 권세 아래 있는 세상이 당연하다고 생각되는 삶의 방식이 불경죄에 해당할 정도로 옳지 않다고 말씀하신 것입니다. 왜 그렇습니까?

01

말씀에 대한
도전은
말씀으로 풀어라

    사탄이 예수님에게 "뛰어 내리라 기록되었으되"라고 펀치를 날리자, 예수님은 "또 기록되었으되 주 너의 하나님을 시험하지 말라"면서 카운터펀치를 날리십니다.

사탄과 예수님이 "기록되었으되", 즉 말씀으로 불꽃 튀는 격전을 벌이고 있습니다. 해석학적 논쟁이 벌어지고 있는 장면입니다. 그러나 그 밑바닥에는 무엇보다 '어떻게 살 것인가'라는 인생의 본질적인 문제를 두고 대결하고 있습니다.

사탄이 삶에 맞추어 말씀을 이용하려 한다면, 예수님은 말씀을 기준으로 삶을 조율하고 있습니다. 사탄이 삶의 자리에 맞게 말씀을 가위질로 재단하여 옷을 만들어 입히고 있다면, 예수님은 말씀의 견적에 따라 삶을 재단하여 양복을 맞추는 것과 같습니다.

인류는 끊임없이 이 두 가지 사이에서 갈등하면서 그중 한 가지를 택해 달려왔습니다. 그러나 그 결과는 실로 무서운 것입니다. 하나는 멸망의 길이고, 하나는 영생의 길이기 때문입니다(마 7:13-14).

마귀가 "기록되었으되"라고 펀치를 날리자 예수님은 "또 기록되었으되"라며 말씀으로 응수하셨던 것을 기억하십시오. 여기에 삶의 중요한 원칙이 있습니다.

마귀는 우리가 하나님의 자녀라는 분명한 정체

성을 가지고 있을 때 이처럼 말씀으로 공격할 수 있습니다. 말씀을 의심하고 회의하게 할 수 있습니다. 그럴 경우, 예수님처럼 말씀으로 응수하여 사탄의 계략을 이겨야 합니다.

누구든지 신앙생활 중에 말씀이 의심스럽고 회의가 들 때가 있습니다. 이때 무조건 하나님의 말씀으로 돌아가십시오. 하나님은 본문의 '기록되었으되'를 통해 우리에게 다음과 같이 말씀하고 있습니다.

"말씀으로 말씀을 말씀되게 하라. 살아가면서 말씀 때문에 시험을 받고, 말씀 때문에 눈물을 흘리느냐? 그래도 말씀으로 다시 돌아가라. 말씀에 생명이 있고, 말씀에 해답이 있느니라."

예수전도단 화요 모임의 어느 찬양 인도자는 어렸을 때 아버지를 여의었습니다. 한밤중에 주무

시다가 뇌졸중으로 돌아가신 것입니다. 그 이듬해 어머니는 아버지를 그리워하다가 설상가상으로 사기까지 당해 자살하셨습니다. 당시에 졸지에 부모를 잃은 그를 가장 괴롭힌 화두는 고아도 경제적인 곤란도 아니었다고 합니다. '과연 하나님이 살아 계시는가'였습니다. '하나님은 사랑이시라'고 했고 '전능하신 하나님'이라고 기록되었는데, 어떻게 이런 일이 일어나는지 도무지 납득할 수 없었던 것입니다. 성경의 모든 구절이 의심스러웠습니다.

그러던 어느 날, 어느 크리스천 모임에 나갔다가 하나님을 인격적으로 만났습니다. 쓰러진 아버지를 업고 택시를 탈 때도, 어머니의 산소호흡기를 뗄 때도 예수님은 자기와 함께 울고 계셨음을 알게 되었습니다. 밤새 아르바이트를 하고 추운 독서실에서 잠을 청할 때도 예수님은 그 자리에 함께 계셨음을 알았습니다.

그러자 의심스럽던 모든 성경 구절이 말씀 안에서 해결되기 시작했습니다. 아마도 그는 "모든 일에 우리와 똑같이 시험을 받으신 이"(히 4:15)라는 히브리서의 말씀이 위로가 되었는지도 모릅니다. 지금 그는 하나님의 비전을 소유한 목회자가 되어 있습니다.

말씀으로 인해 시험 들 정도로 삶이 고통스럽습니까? 그럼에도 말씀으로 더 깊이 나아가십시오. 얕은 물가에서 찰랑거리지 말고, 더 깊은 말씀의 바다로 나아가십시오. 그래서 말씀을 종합적으로 보십시오. 거기에 생명의 길이 있습니다. 베드로는 자신의 경험과 실력을 의지하여 밤새 그물질했지만 아무것도 잡지 못했습니다. 그러나 말씀을 의지해 깊은 곳으로 가서 그물을 내리자 만선의 기쁨을 누렸습니다.

말씀을 세속의 논리로 풀 때 시험에 빠지게 됩

니다. 가령, "구하라 그러면 너희에게 주실 것이요 찾으라 그러면 찾아낼 것이요 문을 두드리라 그러면 너희에게 열릴 것이니"(눅 11:9)라는 약속의 말씀을 놓고 "믿습니다" 하고 기도했습니다. 그런데 여전히 취직의 문은 열리지 않았고 배우자도 만날 수 없었고 명예도 돈도 주시지 않았다면 어떻게 하겠습니까? 마음에 난 상처 때문에 말씀을 버리겠습니까?

그럴 때는 다시 말씀으로 돌아가십시오. 예수님의 시험을 생각하고 "또 기록되었으되"를 기억하십시오. 하나님 편에서 그 이유를 설명하고 있지 않습니까?

> 하물며 하늘에 계신 너희 아버지께서 구하는 자에게 좋은 것으로 주시지 않겠느냐 마 7:11

더 좋은 것을 위해 지금 안 주는 것이고, 찾을 수 없는 것이며, 문이 닫혀 있는 것입니다. 뿐만 아니라 하나님은 인간 편에서 그 이유를 설명해 주십니다.

> 구하여도 받지 못함은 정욕으로 쓰려고 잘못 구하기 때문이라 약 4:3

> 여호와의 손이 짧아 구원하지 못하심도 아니요 귀가 둔하여 듣지 못하심도 아니라 오직 너희 죄악이 너희와 너희 하나님 사이를 갈라 놓았고 너희 죄가 그의 얼굴을 가리어서 너희에게서 듣지 않으시게 함이니라 사 59:1-2

이제 말씀의 잣대를 따라 말씀으로 살아가기 바랍니다. 말씀으로 시험에 빠지게 되는 순간, 말씀으로 말씀되게 하십시오. 마귀는 "기록되었으되"로 또 유혹할지 모릅니다. 그럴 때는 예수님처럼 "또 기록되었으되"라고 외치며 하나님의 자녀답게 살아가기 바랍니다.

02

삶의 주도권을 말씀에 넘기라

　　　　　말씀 안에서 하나님의 일과 사람의 일을 구별할 수 있어야 합니다. 말씀은 "뛰어내리라"고 하지 않았습니다. 더구나 "돌이 발에 부딪히지 않게 하는 것"은 하나님의 영역이지 내 일이 아닙니다. 여기서 "뛰어내리라"고 한 것은 누구의 소리입니까? 마귀의 소리입니다. 마귀가 인용한 하나님의 말씀인 시편 91편에는 "뛰어내리라"는 명령이 없습니다.

이처럼 말씀에도 없는 내용을 편리한 대로 적용하는 것이 성도들이 자주 당하는 두 번째 유혹입니다.

 도대체 우리 삶의 주도권이 어디에 있습니까? 말씀에 내 삶을 맞추어야 합니까? 아니면 내 삶의 필요에 말씀을 맞춰야 합니까? 말로는 말씀에 내가 맞춰야 한다고 하지만 실제 삶은 그 반대인 경우가 훨씬 많습니다.

 인간은 너무 쉽게 내 삶에 말씀을 끼워 맞추려 합니다. 그리고 그것을 아주 당연한 듯이 생각합니다. 어려운 순간이나 위기가 닥쳤을 때 말씀을 방패 삼으려 합니다. 우리 삶에서 말씀의 역할은 그런 것일 때가 많습니다.

 이것은 인간의 오랜 습성입니다. 인간은 늘 무언가를 만들고 그런 다음에는 자신을 학대해서라도 그것에 자기를 끼워 맞춥니다. 제도를 만들고는 제도의 종이 되고, 돈을 만들고는 돈의 노예가

되고, 권력을 창출하고는 그 권력에 지배당합니다. 이렇듯 주도권이 늘 뒤바뀌는 것은 사탄의 하수인이 된 죄인인 인간의 노예적 근성에 기인한 것입니다.

한때 크게 히트 친 DDR(Dance Dance Revolution)은 일본 코나미의 평사원 다나카 후미아키(田中富美明)가 처음 아이디어를 낸 뒤 반대를 무릅쓰고 개발한 것입니다. 다나카 덕분에 코나미는 소니의 플레이 스테이션이 득세하는 중에도 매출 83%, 경상이익 640%가 증가하는 쾌거를 이룩했습니다.

그런데 이 DDR 열풍은 미래 인류의 단면을 드러내는 상징적인 의미를 내포하고 있습니다. 과거에는 인간이 기계를 만들고 기계를 원하는 대로 움직였지만, 이제는 기계의 신호에 따라 인간이 온몸을 비틀며 춤을 추어야 하는 어릿광대가 되어 버린 것입니다. 더구나 기계의 지시에 따라 얼마나 춤을 잘 추느냐로 점수가 매겨집니다. 어떤 사람은 한밤중까지 기계에 몸을 맞추려 땀흘려 연습했다고 합니다. 창조자가 피조물의 장단에 맞추어야 하는 웃지 못할 코미디가 펼쳐진 것입니다.

이런 경험에 익숙한 인간은 창조주이신 하나님도 피조물인 인간의 신호에 따라 움직여야 한다고 생각합니다. 그래서 뛰어내릴 테니 발이 돌에 부딪치지 않게 해달라고 하나님을 시험합니다.

우리 삶에서도 하나님을 시험하는 현장들이 포착됩니다. 시험공부도 하지 않고 만점 받게 해달라고 기도한다든지, 신호를 위반하고는 경찰에 걸리지 않게 해달라고 한다든지 찾아보면 참 많습니다.

하나님을 시험하는 유혹에서 벗어나야 합니다. 변해야 하는 것, 반성해야 하는 것, 움직여야 하는 것은 나라는 인간이지 말씀이신 하나님이 아닙니다. 자신을 정당화하기 위해 말씀을 여기저기 가

위질해서 편리한 대로 적용하는 것은 하나님을 시험하고 만홀히 여기는 것입니다. 말씀이 기대하지 않은 행동을 저질러 놓고 하나님께 그렇게 말씀하시지 않았느냐고 항의하는 것은 미련한 짓입니다.

그래서 예수님이 "주 너의 하나님을 시험하지 말라"고 신명기 6장 16절 말씀을 인용해 마귀에게 대적하신 것입니다. '주'(主)라는 단어에 주목하십시오. 주종(主從)을 뒤바꾸어 놓은 마귀의 무질서를 주종을 분명히 함으로 질서를 바로잡고 있습니다. 하나님은 주이시고, 인간은 종입니다. 말씀의 밑그림에 내 생을 모자이크해야지, 내 욕심을 밑그림 삼아 말씀을 조각내 모자이크하려 하면 안 됩니다. 말씀의 신호에 내가 춤을 추어야지 말씀이 내 발에 따라 움직이게 해선 안 됩니다.

> 주의 말씀은 내 발에 등이요 내 길에 빛이니이다 시 119:105

거의 3천 년 전의 이 말씀이 DDR의 원조인 것 같지 않습니까? 주의 말씀의 불빛과 신호를 따라 내 발을 맞추어야 한다는 것입니다. 한 발 한 발 딛는 것이나 인생의 방향을 정하는 것이나 모두 말씀의 빛, 즉 신호를 따라 움직여야 하는 것입니다. 이것이 성경이 말하는 정상적인 하나님의 백성의 삶입니다.

이처럼 인간은 두 가지 거센 바람에 흔들리는 갈대 같은 존재입니다. 두 가지 거센 바람은 하나님의 바람과 마귀의 바람입니다. 당신은 어느 바람을 따라 살아가고 있습니까? 바울은 이것을 성령의 소욕과 육신의 소욕이라고 했습니다. 당신은 말씀의 신호에 따라 살아갑니까, 아니면 욕망의 신호를 따라 살아갑니까? 이것이 문제입니다. 이것을 잘 살펴 알아야 합니다. 자신의 욕심으로 행하면서 하나님의 말씀으로 포장해선 안 됩니다.

예수님은 자신에게 주어진 일을 이루기 위해 지속적으로 말씀의 방향을 따라 살아가셨습니다. 십자가를 지향하는 주님의 눈빛은 잠시도 흐릿해지신 적이 없습니다.

마귀는 지금 성전 위에서 예수님께 뛰어내리라고 요청합니다. 사람들은 한강다리 위에서 실연을 당해 자살하려는 청년을 바라보듯 성전 꼭대기를 쳐다보며 수군거렸는지도 모릅니다.

당시 드다(행 5:36)라는 사람은 여호수아처럼 요단강을 쳐서 가른다고 했고, 마술사 시몬(행 8:9)은 공중을 난다고 하면서 메시아 행세를 했다고 합니다.[1] 이를 통해 우리는 드다나 시몬이나 또 그들을 추종한 사람들이나 메시아를 이런 식으로 생각했음을 알 수 있습니다. 그러니 만일 예수님이 마귀

---

1 《신약주해 마태복음》, 이상근 지음, 성등사, 1993, 72쪽.

의 말을 따라 성전 꼭대기에서 슈퍼맨처럼 사뿐히 뛰어내렸다면 사람들은 당장에 예수님을 메시아로 받들었을 것입니다.[2] 그랬다면 십자가에서 비참하게 죽임을 당하지 않으셨을 것입니다.

하지만 예수님은 세상 사람들의 구미에 맞는 그런 메시아가 아니었습니다.

세상 사람들은 뭔가 기가 막힌 것을 보여 줘야 인정해 줍니다. TV를 비롯한 영상 매체들이 계속해서 자극의 수위를 높이는 것도 이 때문입니다. 마귀의 "뛰어내리라"는 요청은 당시 세속적인 풍향을 잘 드러내고 있습니다.

예수님이 십자가에 달리셨을 때도 세속의 바람은 거세게 예수님을 몰아붙였습니다.

---

2 마치 오병이어의 기적 이후 사람들이 예수님을 왕으로 추대하려던 것과 마찬가지다(요 6:1-15).

> 네가 만일 하나님의 아들이어든 자기를 구원하고 십자가에서 내려오라 마 27:40

> 그가 남은 구원하였으되 자기는 구원할 수 없도다 그가 이스라엘의 왕이로다 지금 십자가에서 내려올지어다 그리하면 우리가 믿겠노라 마 27:42

사탄은 예수님의 사역 초기인 광야의 시험에서나 마지막 사역인 십자가에서 죽으시는 순간까지도 지속적으로 하나님의 아들이어든 십자가에서 내려오라고 유혹합니다. 그러면 믿어 주겠다고까지 유혹합니다. 하나님을 신뢰하니 반드시 하나님이 구원해 줘야 한다고 압력을 넣습니다.

> 그가 하나님을 신뢰하니 하나님이 원하시면 이제 그를 구원하실지라 그의 말이 나는 하

나님의 아들이라 하였도다 마 27:43

 하나님의 아들의 삶은 뭔가 특별한 보호와 기적이 있어야 한다는 것입니다. 내가 하나님을 신뢰하니까 하나님도 내 뜻에 맞추어 움직여야 한다는 억지 논리를 강요하는 것이 사탄입니다. 이처럼 세풍은 거세게 우리를 몰아가려고 합니다. 그러나 예수님은 단칼에 그 싹부터 잘라 버리셨습니다.

 "주 너의 하나님을 시험하지 말라."

 예수님에게 십자가 외의 모든 길은 길이 아니었습니다. 그것은 유혹이고 시험이었습니다. 그래서 예수님은 사랑하는 제자 베드로가 십자가를 막아섰을 때 꾸짖으며 사탄이라고 책망하셨습니다.

> 사탄아 내 뒤로 물러가라 너는 나를 넘어지게 하는 자로다 네가 하나님의 일을 생각하지 아니하고 도리어 사람의 일을 생각하는

도다 마 16:23

하나님의 방향과 사람의 방향이 이처럼 다름을 주님은 명백하게 지적하셨습니다. 음부의 권세가 이기지 못할 기세로 당당하던 베드로 같은 사람도 단 몇 초 만에 사탄의 도구로 전락할 수 있습니다. 십자가와 상관없는 길이 사람을 이렇게 만듭니다. 당신은 어떻게 살기 원하십니까?

예수께서는 최후의 순간이 다가옴을 알았을 때 자신을 위해 오직 한 가지만을 기도하셨습니다.

> 아버지께서 내게 하라고 주신 일을 내가 이루어 아버지를 이 세상에서 영화롭게 하였사오니 요 17:4

예수님은 자신의 일을 위해 하나님을 이용한

것이 아니라, 하나님이 주신 일에 자신을 던지셨습니다. 그것은 "아버지께서 아들에게 주신 모든 사람에게 영생을 주게" 하시는 것이었습니다(요 17:2). 그 길이 바로 십자가를 지는 일이었습니다.

예수님은 오늘 우리에게 이렇게 도전하십니다.

> 누구든지 나를 따라오려거든 자기를 부인하고 자기 십자가를 지고 나를 따를 것이니라 마 16:24

날마다 십자가를 지는 예수의 길을 따르는 것이 성도가 가야 할 길입니다. 주도권을 분명히 하십시오. DDR(Dance Dance Revolution)의 법칙이 아니라 BBR(Bible Bible Revolution)의 원칙으로 살아가시기 바랍니다.

말씀이 수단이 되어서는 안 됩니다. 하나님의 말씀은 내 삶의 목표이지 다른 것을 성취하기 위한 수단이 아닙니다. 믿음이 좋다는 이유로, 종교라는 이름으로 "믿습니다"라고 외치는 자기 확신을 내세워 하나님을 협박해서는 안 됩니다.

자기 확신은 자기에게 주어진 말씀과 상관없이 믿는 것이고, 진정한 믿음이란 자기에게 주어진 말씀에 근거한 신뢰입니다.

예수님은 "내가 만일 그렇게 하면 이런 일이 있으리라 한 성경이 어떻게 이루어지겠느냐"(마 26:54)고 말씀하셨습니다. 이것은 제자 중 하나가 예수님이 체포되시는 것을 막으려고 칼을 휘둘렀을 때 하신 말씀입니다. 예수님은 하나님 아버지께 구하여 열두 군단 더 되는 천사를 보내시게 할 수 있었습니다. 그러나 말씀에 예언된 대로 십자가를 지는 그 길을 가시기 위해 그 칼을 거두게 하신 것입니다.

이것은 말씀을 성취하기 위해 자신의 삶을 말씀의 틀에 짜 맞추어 가신 것이지, 말씀을 자기 삶에 짜 맞추지 않았음을 의미합니다. 예수님의 생애는 말씀이었고, 말씀의 성취였습니다. 예수님은 곧 말씀이셨습니다. 말씀이 육신이 되신 분입니다.

> 이 말씀은 곧 하나님이시니라 요 1:1

바울은 하나님이 주신 말씀의 푯대를 향하여 전심전력으로 달려갔습니다.

> 오직 한 일 즉 뒤에 있는 것은 잊어버리고 앞에 있는 것을 잡으려고 푯대를 향하여 그리스도 예수 안에서 하나님이 위에서 부르신 부름의 상을 위하여 달려가노라 빌 3:13-14

바울은 자신의 것은 잊어버리고, 하나님의 부르심 곧 말씀을 좇아갔다고 합니다. 성도는 이처럼 말씀을 좇아가는 사람입니다. 말씀이 인생을 좇는 것이 아니라 인생이 말씀을 좇는 것이어야 합니다. 그래서 바울은 이렇게까지 고백합니다.

> 내가 달려갈 길과 주 예수께 받은 사명 곧 하나님의 은혜의 복음을 증언하는 일을 마치려 함에는 나의 생명조차 조금도 귀한 것으로 여기지 아니하노라 행 20:24

결국 성도는 자신의 달려갈 길을 하나님의 복음에 두어야 하며, 그것을 위해 자신의 생명을 조금도 귀한 것으로 여기지 않아야 합니다.

예수님은 하나님의 아들이셨습니다. 그러나 특별한 방법이나 기적으로 사명을 감당하시지 않았습니다. 평범한 목수의 아들로 지내셨고, 먼지 자욱한 팔레스타인 땅을 피곤하도록 걸어 다니며 하나님 나라를 전파하셨습니다. 그리고 십자가의 길을 가셨습니다. 우리에게 어떻게 살아가야 하는지에 대한 분명한 모범이 되셨습니다.

우리는 쉬운 길을 기대하고 예수를 믿습니다. 기도만 하면 대학에 척척 붙고 좋은 직장에 다니면 만사가 형통할 줄로 압니다. 모두가 놀라며 흠모하는 영웅이 될 줄로 생각합니다.

그러나 그것은 예수님의 길이 아닙니다. 예수님은 하나님의 본체시나 하나님과 동등됨을 취하지 않으시고 오히려 종의 형체를 가져 사람의 모양으로 나타나시고, 죽기까지 복종하여 십자가에 죽으셨습니다(빌 2:5-8).

예수 믿는 사람은 주님을 닮아서 종의 형체를 가지고 살아가야 합니다. 자기를 비우고 낮추어 섬기는 사람으로 살아야 합니다. 이것이 우리가 어떻게 살아가야 하느냐의 해답입니다.

가정에서 자기가 최고라고 우기고 대접받기만 바라는 것은 예수님을 닮아 가는 것과 거리가 먼 태도입니다. '가족의 종이 나다'라는 생각으로 사는 것이 예수님을 닮아 가는 삶입니다. 어머니의 종으로, 남편의 종으로 자신을 인식하고 행동하는 것은 결코 쉬운 일이 아닙니다. 그 길은 좁고 협착하여 그리로 다니는 사람이 별로 없는 길입니다. 그러나 그 길이 생명으로 인도하는 길이고 행복의 길입니다.

직장이나 학교, 친구 사이에서도 자기를 낮추고 섬기는 생활을 합시다. 처음에는 힘이 들고 사람들이 무시할지 몰라도 곧 아름다운 열매를 맺게 될 것입니다. 이렇게 한 사람이 섬김의 삶을 살아가기로 결심하고 그렇게 실천하면 하나님께서 그 사람을 반드시 높여 주실 것입니다.

천하 모든 입이 섬김의 종 예수님을 주라고 시인하게 하신 분이 하나님이심을 잊지 마십시오. 예수 믿는 학생은 기도하고 연필을 굴리면 정답이 나오는 기적의 성적표를 바라지 않습니다. 그것은 미신이고 기독교가 아닙니다. 기도하면서 하나님의 지혜를 구하고 하나님의 주시는 힘으로 다른 사람보다 몇 배나 더 노력하고 시간을 아끼며 애쓰는 근면함을 하나님은 아름답게 보십니다. 하나님은 좁은 길을 가고 자기 십자가를 지고 가기를 요구하고 계십니다.

 하나님은 우리 인생이 하나님의 말씀을 성취하는 인생이 되길 바라십니다. 말씀이 육신이 되는 역사가 이루어지는 삶이 되길 바라십니다. 그렇게 말씀이 내 삶에 체화되는 것이 성화입니다. 이것이 성도가 마땅히 행할 바입니다. 말씀을 시험하지 말고 말씀이 실현되도록 노력하십시오.

03

'나의 하나님'으로 끝까지 믿으라

네가 만일 하나님의 아들이어든 뛰어내리라 기록되었으되 그가 너를 위하여 그의 사자들을 명하시리니 그들이 손으로 너를 받들어 발이 돌에 부딪치지 않게 하리로다 마 4:6

마귀는 말씀을 붙잡고 믿음으로 뛰어내리라고 합니다. 대단히 믿음이 좋은 듯 보입니다. 하지만 그것은 하나님을 신뢰하는 것이 아니라 불신하는 것입니다. 생각해 보십시오. "발이 돌에 부딪히지 않게 하리로다"를 진정으로 믿는다면 그것을 왜 테스트하겠습니까? 테스트는 검증이 안 될 때, 의심이 갈 때 하는 것입니다. 테스트를 당하는 당사자는 테스트해 보고 나서 믿겠다니 대단히 불쾌할 수밖에 없습니다.

예전에 야구선수 선동열은 일본 야구에서 은퇴한 뒤 미국 진출을 원했다고 합니다. 그러나 미국 구단에서 테스트를 거쳐야 한다고 해서 기분이 나빠 포기해 버렸다는 기사를 읽은 적이 있습니다. 국보급 투수도 자신의 능력을 믿어 주지 않고 테스트당하는 것이 자존심 상하는데, 하물며 온 세상의 창조주께서 미물에 불과한 인간에게 시험당해서야 되겠습니까?

마귀는 지금 이 같은 무례를 범하고 있는 것입니다. 하나님이 필요하면 알아서 부딪히지 않게 하실 것을 믿으면 됩니다. '어디 그런가 아닌가 보자'는 식으로 하나님을 테스트하는 것은 불신앙입니다. 그래서 예수님은 마귀의 제안에 대해 "주 너의 하나님을 시험하지 말라"고 단호하게 말씀하신 것입니다.

여기서 시험하지 말라는 말씀 전에 '너의 하나님'이라고 언급하신 것에 주목해야 합니다. 하나님은 바로 나의 하나님이십니다. 하나님과 나는 개인적인 교제가 이뤄지는 관계가 확실한 사이입니다. 목사님의 하나님, 모세의 하나님, 예수님의 하나님일 뿐 아니라 나의 하나님이어야 하는 것입니다. 그래서 예수님은 부활하신 후 "내 아버지 곧 너희 아버지, 내 하나님 곧 너희 하나님"(요 20:17)이라고 말씀하셨습니다.

마귀는 예수님께 이상한 삶의 방식을 요청하면서 "네가 만일 하나님의 아들이라면"이란 의문을 달았다는 것을 기억할 필요가 있습니다. 살아가면서 시험에 드는 이유는 내가 하나님의 아들이라는 정체성에 혼란이 생기기 때문입니다. 즉 하나님이 멀리 느껴지기 때문입니다.

너무나 고통스럽고, 외롭고, 지치고, 소진되었을 때, 여전히 나의 하나님이라고 외칠 수 있어야 합니다. 인간이 가장 견디기 힘든 순간은 바로 하나님에 대한 사랑에 확신이 없을 때입니다.

다니엘의 세 친구를 생각해 보십시오. 풀무불이 타오르고 천하를 호령한 느부갓네살 왕이 노하고 분을 내는 상황에서 그들은 하나님만이 참 예배할 신이라고 고백했습니다. 그들에게는 불꽃의 타오름보다 하나님의 사랑이 더 뜨겁게 느껴졌고, 세계를 정복한 바벨론 왕의 통치권보다 하나님의 다스리심이 더 실감나게 느껴졌던 것입니다. 그래서 나라가 망하여 포로로 잡혀온 비참한 상황에서도 그들은 여전히 "하나님은 나의 하나님"이라고 고백할 수 있었습니다.

하나님을 신뢰하는 그들의 마음을 방해할 만한 세상의 권력은 어디에도 없었습니다.

> 느부갓네살이여 우리가 이 일에 대하여 왕에게 대답할 필요가 없나이다 왕이여 우리가 섬기는 하나님이 계시다면 우리를 맹렬히 타는 풀무불 가운데에서 능히 건져 내시겠고 왕의 손에서도 건져 내시리이다 그렇게 하지 아니하실지라도 왕이여 우리가 왕의 신들을 섬기지도 아니하고 왕이 세우신 금 신상에게 절하지도 아니할 줄을 아옵소서 단 3:16-18

"우리가 섬기는 하나님"이란 하나님과의 깊은 관계에서 고백할 수 있는 것입니다. 그리고 그들의 하나님에 대한 신뢰는 "그렇게 하지 아니하실지라도"라는 철저한 신뢰였습니다.

예수님을 생각해 보십시오. 십자가에 달려 죽는 가장 고통스러운 그 순간에도, 하나님께 버림받은 그 절망적인 순간에도 예수님은 이렇게 외치셨습니다.

> 나의 하나님, 나의 하나님 마 27:46

그런 다음 "어찌하여 나를 버리셨나이까?"라고 하셨습니다. 하나님께서 나를 잊으셨는가, 나를 버리셨는가, 어찌하여 나의 기도에 잠잠하시는가 하는 그 순간에도 하나님을 여전히 나의 하나님으로 고백할 수 있어야 합니다. 당신은 그런 순간에도 여전히 '그들의 하나님', '저들의 하나님'이 아닌 '나의 하나님'으로 신뢰할 수 있습니까?

예수님은 그 극심한 고통 가운데서도 "나의 하나님"이라 고백하셨습니다. 이때 하나님은 예수님을 지극히 높여 모든 이름 위에 뛰어난 이름을 주시고 모든 무릎이 예수의 이름 앞에 꿇게 하셨습니다.

　이 시대는 슈퍼맨 신드롬, 스타 신드롬 등 모두 영웅이 되어 세상을 지배하고 싶은 열망에 사로잡혀 있습니다. 굉장한 인기와 능력을 지니고 사람들에게 인정을 받아야만 성공적인 인생인 줄 착각합니다. 현대인은 모두 이 같은 시대적인 질병을 앓고 있습니다. 자신과 타인을 학대하면서까지 능력과 인기를 얻고 싶어 합니다. 이것은 마치 다음의 어리석은 사람 이야기와 다를 바가 없습니다.
　어떤 모자란 사람이 긴 막대기로 피가 날 정도로 자신의 머리를 계속해서 때리고 있었습니다. 지나가던 사람이 걱정이 되어 그 이유를 물었습니다.
　"이렇게 계속 두드리다가 갑자기 멈추면 정말 기분이 좋아요. 그 기분을 맛보기 위해 이렇게 잠시 고생을 합니다."

그러니까 그 사람은 잠시 동안의 즐거움을 맛보기 위해 의도적으로 자신을 고통스럽게 했다는 겁니다. 정상적인 사람이라면 이런 행동을 하지 않을 것입니다. 그런데 조금만 생각해 보면 우리 인생이 이 사람과 다름이 없습니다. 우리는 짧은 인생을 살면서 '잠시 동안의 즐거움을 맛보기' 위해 돈, 명예, 권력의 막대기로 자기 자신을 혹사시킵니다. 피를 흘릴 정도로 혹사시킵니다.[3]

모자란 사람은 자기 머리만 때리지만 똑똑한 사람은 자신은 물론 남의 머리까지 때립니다. 더 높은 정상에 오르기 위해, 더 칭찬받고, 더 성공하기 위해 수단과 방법을 안 가리고 자기와 남을 때리는 것입니다. 우리는 목적을 위해 수단을 정당화시킵니다. 선한 목적을 위해 악한 수단을 사용하는 것이 과연 가능한 얘기일까요? 선한 목적은 수

---

3 《이런 철학으로 살고싶다》, 황필호 지음, 산호, 1993, 62쪽.

단도 선해야 합니다. 선한 목적을 이루는 과정도 선하고 아름다워야 합니다. 수단이 악하다면 목적도 악할 수밖에 없습니다. 그러므로 자신과 남을 막대기로 마구 쳐서 얻는 '기쁨'은 악합니다. 그런데 그런 기쁨이 하나도 이상하지 않은 세상이 되어 버렸습니다.

특별한 능력과 기적을 요구하는 시대의 유혹 속에서 예수님은 지극히 약한 인간의 모습으로 살아가셨습니다. 예수님은 하나님의 아들의 삶은 이 세상에서 영광의 길이 아니고 십자가의 길임을 분명히 알고 계셨습니다. 인류를 구원하는 메시아의 길은 넓고 평탄한 길이 아니라 좁고 협착한 길임을 잊지 않으셨습니다. 인류의 죄를 한 몸에 짊어지려고 이 땅에 오신 것이지 영광을 받으러 오신 것이 아님을 아셨습니다. 섬김을 받으려 함이 아니요 도리어 섬기려 하고 많은 사람의 대속물로 자신을 주러 오셨다고 주님은 거듭 말씀하셨습니다.

> 인자가 온 것은 섬김을 받으려 함이 아니라 도리어 섬기려 하고 자기 목숨을 많은 사람의 대속물로 주려 함이니라 막 10:45

이제는 시험이 닥쳤을 때 말씀으로 말씀되게 하십시오. 욕망이 삶을 주도하고 있지 않은지 살펴보십시오. 어떤 상황에서도 말씀에 내 삶을 맞추고 말씀에 따라 한 발 한 발 내딛으십시오. 말씀을 내 욕심을 위해 이용하지 마십시오. 어떤 상황에서도 하나님을 신뢰하는 그리스도인으로 살아가십시오. 하나님의 자녀는 이처럼 말씀이 중심이 되어 세상의 가치관을 바로잡고 하나님과 더욱 친밀히 연결된 삶을 살아가는 사람들입니다.

:: 세 번째 질문 :: **PART 3**

무엇을 위해 살 것인가?

마귀가 또 그를 데리고 지극히 높은 산으로 가서

천하 만국과 그 영광을 보여

이르되 만일 내게 엎드려 경배하면

이 모든 것을 네게 주리라

이에 예수께서 말씀하시되 사탄아 물러가라

기록되었으되 주 너의 하나님께 경배하고

다만 그를 섬기라 하였느니라

이에 마귀는 예수를 떠나고 천사들이 나아와서 수종드니라

마태복음 4:8-11

앞서 우리는 '나는 누구인가?' 와 '나는 어떻게 살 것인가?'의 문제에 대해 생각해 보았습니다. 이제 '나는 무엇을 위해 살아야 하는가?'의 문제를 살펴 보고자 합니다. 당신은 무엇을 위해 그렇게 애를 씁니까? 무엇을 위해 그렇게 분주합니까? '나는 이것을 위해 사노라' 하고 보여 줄 만한 분명한 인생의 비전이 있습니까?

성경은 꿈이 없는 백성은 방자히 행한다고 말하고 있습니다. 꿈이 없으면 쉽게 타락하고 시간과 생명을 헛되이 소진하게 된다는 의미입니다. 우리에겐 일생을 걸고 줄기차게 달려갈 분명하고 가치 있는 꿈이 필요합니다.

헨리 나우웬(Henri Nouwen)의 《마음의 문을 열고》에는 다음과 같은 이야기가 있습니다.

정신과 의사를 찾아온 한 부인이 들어오자마자 기물을 파괴하고 혈기를 부리며 발작을 했습니다. 간호사 두 사람이 어렵게 진정을 시킨 후에 겨우 진료를 시작할 수 있었습니다. 그런데 의사는 부인에게서 특이한 점을 발견했습니다. 부인이 오른손을 꼭 주먹 쥐고 있는 것입니다. 의사가 그 손을 펴려 했지만 펼 수가 없어서 간호사를 불러 같이 손가락을 하나 둘 힘겹게 폈습니다. 마지막으로 새끼손가락을 펴자 땡그랑 하고 녹이 슨 1센트짜리 동전이 떨어졌습니다.

부인에게 1센트짜리 동전은 곧 자기 자신이었습니다. 동전을 잃어버리는 순간 자기도 사라진다고 생각했던 것입니다. 그동안 부인은 '누가 와서 칼로 찌르고 이것을 빼앗아 가지 않을까, 이걸 빼앗기지 않으려면 어떻게 해야 할까' 하는 두려움과 공포 속에서 하루하루 살아왔습니다. 그래서 일평생 있는 힘을 다해 동전을 움켜쥐고 살아 왔던 것입니다.

이것은 인간의 삶의 한 단면을 비유적으로 잘 표현한 이야기입니다. 우리가 안간힘을 다해 움켜쥐려는 것은 비단 돈이나 물질만이 아닙니다. 누구든지 유난히 집착하는 것이 있습니다. 마치 목숨이 걸리기라도 한 것처럼 거기에 스스로 자신을 꿰어서 일생을 투자하고 소진합니다. 당신이 있는 힘을 다해 움켜쥔 그것은 무엇입니까?

목적이 없는 인생도 불행하지만, 그 목적이 잘못된 인생은 비참합니다. 1센트짜리 동전에 안간힘을 쓴 이야기 속 여인처럼 비참한 인생입니다. 당신이 안달하며 성취하고자 하는 그것의 목적은 무엇입니까?

'무엇을 위해 살 것인가', 이 물음을 가지고 사탄은 우리를 무수하게 시험합니다.

예수님의 세 번째 시험을 통해 하나님은 우리에게 시험을 이기는 방법을 가르치고 있습니다.

01

미끼를 보면
수준을
알 수 있다

　　　　　　인생의 목적을 흔드는 사탄의
시험을 이기는 첫 번째 방법은 유혹하는 미끼의
현란함에 속지 않는 것입니다. 그래야 인생의 목
적을 바르게 정할 수 있습니다.

　고기를 잡을 때는 미끼가 대단히 중요합니다.
작은 고기를 잡을 때는 지렁이나 떡밥으로도 충분
합니다. 그러나 상어를 잡으려면 송사리나 지렁이
로는 안 됩니다. 상어에 대한 모독 행위입니다. 북

극 지방에서는 고래나 상어를 잡으려면 물개를 미끼로 사용합니다. 따라서 미끼를 보면 낚시꾼이 낚고자 하는 물고기의 정체를 짐작할 수 있습니다.

하와는 탐스런 선악과 하나면 충분했습니다. 에서는 팥죽 한 그릇에 그의 인격을 다 팔아넘겼습니다. 다윗은 밧세바라는 여인의 아름다움에 일생 동안 쌓아 온 하나님께 대한 믿음과 백성의 존경을 헛되이 했습니다.

예수님을 미혹한 사탄의 미끼는 무엇입니까?

> 마귀가 또 그를 데리고 지극히 높은 산으로 가서 천하만국과 그 영광을 보여 마 4:8

예수님을 유혹하는 사탄은 천하만국과 그 영광을 미끼로 던지고 있습니다. 사탄이 예수님을 대단한 존재로 보고 있는 게 틀림없습니다. 한 마을도 아니고, 한 나라도 아니고, 온 세계를 통째로 예수님께 드리겠다고 한 것입니다.

천하만국은 인류 역사상 모든 영웅들이 자기의 휘하에 두고 싶었던 인생 최고의 목표였습니다. 이것을 얻기 위해 알렉산드로스 대왕, 칭기즈칸, 나폴레옹, 히틀러 등은 엄청난 물자와 인력과 시간을 희생하면서 도전했지만 모두 실패했습니다.

미국 〈워싱턴포스트〉는 지난 2000년에 서기 1000년에서 2000년까지의 인류사를 결산하는 송년 특집기사 '1천 년 각 분야 최고와 최악'에서 칭기즈칸을 최고의 인물로 선정했습니다. "태평양과 동유럽을 연결하는 대제국 건설로 동서 문화 발전을 촉진했으며, 인터넷보다 700년 앞서 국제통신망을 건설했다"는 게 그 이유였습니다. 반면, 최악의 인물로는 웅변술과 지도력 등 뛰어난 재능으로 세계를 정복하려던 히틀러가 뽑혔습니다.

최고의 인물도, 최악의 인물도 모두 세계를 정복하려던 사람들입니다. 그만큼 천하만국과 그 영광은 매혹적인 미끼임에 틀림없습니다.

천하만국과 그 영광 속에는 우리가 꿈꾸는 모든 성공이라는 이름의 좋은 것들이 있습니다. 학식과 재산과 지위와 명예는 여기에 보너스로 따라오는 것입니다.

이렇게 미끼가 대단하니 한순간 아찔해서 하나님조차 깜빡 잊고 침을 질질 흘릴 만도 합니다. 더구나 이것을 거절하면, 이 세상의 영광이 아니라 저주를 받아 나무에 높이 달려서 사람들의 조롱거리가 되어야만 합니다. 그러니 이 유혹이 얼마나 매혹적이었겠습니까?

그런데도 예수님은 세상의 모든 영광을 마다하고 엎드려 절하지 않으셨습니다. 도대체 예수님은 왜 이 영광 대신 엄청난 십자가 고난을 감수하신 것일까요?

그 이유는 존재하는 것들에 대한 가치 체계와 질서가 사탄의 것과는 판이하게 달랐기 때문입니다. 유혹을 느끼려면 거기에 특별한 가치를 부여하고 있어야만 가능합니다. 그런데 가치라는 것은 상식을 뛰어넘어 개인의 주체적이고 독특한 관점에서 평가되기도 합니다. 그러므로 가치를 어디에 두고 있느냐가 중요합니다.

1997년으로 기억하는데, 어느 신문에서 '미공개 고흐 작품, 132억 원에 낙찰'이라는 기사를 보았습니다. 50여 년간 일반에 공개되지 않았던 반 고흐의 1888년 작품 〈프로방스의 추수〉가 그 주인공입니다. 영국의 유명한 미술품 수집가인 케슬러(Count Harry Kessler)가 보관해 온 이 작품은 그의 위탁자에 의해 경매에 붙여졌는데, 전화로 경매에 참여한 익명의 사람에게 단 2분 만에 팔렸다고 합니다.

종이 한 장의 그림이 132억 원이라니, 말이 됩니까? 그 돈으로 아파트를 산다면 도대체 몇 채란 말입니까? 그런데도 이 같은 가치 평가는 일부 사람들에겐 당연한 것입니다. 예술 작품의 가치는 작가가 누구냐로 결정됩니다.

예수님은 들에 피는 백합화를 보고 이렇게 말씀하셨습니다.

> 그러나 내가 너희에게 말하노니 솔로몬의 모든 영광으로도 입은 것이 이 꽃 하나만 같지 못하였느니라 마 6:29

여기서 주목할 것은 예수님이 "그러나"라고 가치의 역전을 선언하신 것입니다. 무엇을 역전시키셨습니까? 백합화와 솔로몬의 왕복이 상징하는 가치를 역전시키셨습니다. 들에 핀 백합화는 하나님이 창조하여 인간에게 주셔서 누리게 한 것들, 즉 자연을 상징합니다. 솔로몬의 모든 영광으로 입은 것은, 천하만국과 그 영광과 그것으로 인해

누리게 된 모든 문화적 산물을 상징합니다.

작가가 하나님이냐 인간이냐의 문제는 작가가 사람이냐 원숭이냐의 문제보다 훨씬 차이가 큽니다. 앞의 것은 창조주와 피조물의 차이이고, 다음은 피조물과 피조물 사이의 차이이기 때문입니다. 이 둘은 결코 비교가 안 된다는 것이 주님의 평가입니다.

예수님께는 하나님의 작품인 백합화가 인간의 작품인 솔로몬의 의복보다 귀한 것입니다. 천하만국과 그 영광이 예수님에게는 들에 핀 백합화만도 못한 것입니다. 이것이 주님이 제시한 새로운 가치 질서입니다. 그러니 그것으로 어떻게 예수님을 유혹할 수 있겠습니까?

더구나 예수님은 그 위에 한 단계 더 높은 가치 체계를 선언하셨습니다.

오늘 있다가 내일 아궁이에 던져지는 들풀

도 하나님이 이렇게 입히시거든 하물며 너희일까 보냐 믿음이 작은 자들아 마6:30

예수님은 앞에서 들의 백합화와 솔로몬의 옷을 비교하면서 "그러나"를 사용하여 '가치의 역전'을 시도하시더니, 이제는 들의 백합화와 인간을 "하물며"라는 단어로 '가치의 상승'을 시도하여 인간의 우월성을 보여 주고 있습니다. 즉 예수님은 솔로몬의 옷(인간의 작품), 그 위에 들의 백합화(하나님의 작품) 그리고 그 위에 인간(하나님의 형상)이 더 가치 있다고 말씀하시는 것입니다. 이런 가치체계에서는 천하만국과 영광이 그렇게 대단한 게 아닙니다.

마귀의 미끼는 소에게 닭고기를 던진 꼴이었습니다. 그러니 천하만국과 그 영광을 마다하고, 인간의 영혼을 구원할 십자가를 선택하셨던 것입니다. 그것이 인간을 사랑하시는 하나님의 뜻이었고, 주를 경배하고 섬기는 일이었습니다.

하나님의 자녀인 당신은 이 같은 가치체계를 가지고 있습니까? 당신이 하나님의 자녀임을 믿으십니까? 그리스도인은 예수님이 제시하신 이 가치체계로 세상을 평가하는 사람들입니다. 그러므로 세상의 권력과 재물과 영화는 하나님과 비교할 것이 못 됩니다. 그것들은 우리를 편리하게 해주는 도구들에 불과합니다.

> 그런즉 누구든지 사람을 자랑하지 말라 만물이 다 너희 것임이라 바울이나 아볼로나 게바나 세계나 생명이나 사망이나 지금 것이나 장래 것이나 다 너희의 것이요 너희는 그리스도의 것이요 그리스도는 하나님의 것이니라 고전 3:21-23

여기에 가치의 질서가 있습니다. 이것들이 뒤집어지면 안 됩니다. 어떤 이념이나 사상도 인간을 위해 존재하는 것이지 인간이 그것의 노예가 되거나 그것을 위해 희생되어서는 안 됩니다. 하늘의 천사도 하나님의 아들들을 위한 심부름꾼들입니다. 마귀는 하나님의 아들을 시험하고 단련하는 일회용 훈련 도구에 지나지 않습니다. 그들은 모두, 보이는 것들이든 보이지 않는 것들이든 하나님의 자녀들을 위해 존재할 뿐입니다.

하나님의 아들인 우리는 천사도 흠모하는 신분의 사람들입니다. 그리스도께서 천사들을 위해 죽으신 것이 아니라 우리를 위해 죽으셨습니다. 우리에게 존귀와 영화의 관을 씌워 주셨습니다. 주의 손으로 만드신 것을 다스리게 하시고 만물을 그 발아래 두셨습니다(시 8:5-6). 그런데 이렇게 위대하게 지음 받은 인간이 만물의 어떤 것을 위해 산다는 것은 하나님 아버지의 뜻에 어긋나는 가슴 아픈 일입니다. 사람과 금수와 버러지 형상의 우상을 섬긴다는 것이 얼마나 미련한 일입니까?

썩어지지 아니하는 하나님의 영광을 썩어질 사람과 새와 짐승과 기어다니는 동물 모양의 우상으로 바꾸었느니라 롬 1:23

하나님은 오직 하나님만을 경배하고 섬기라고 말씀하십니다. 이는 우리를 비참하게 만들기 위해서가 아니라 우리를 위대하게 평가하기 때문에 요구하시는 것입니다.

"너희는 약하고 보잘것없는 존재가 아니다. 이 세상의 어떤 것도 흠모하거나 섬겨야 할 이유가 없는 존재들이다. 위대한 하나님의 자녀들이기 때문이다."

이보다 더 우리를 높게 평가하는 표현이란 있을 수 없습니다. 그러므로 사탄의 미끼가 아무리 화려해도 그것은 오히려 우리의 위상을 속이려는 것에 불과합니다. 하나님 한 분 외에는 하나님의 자녀인 우리보다 더 높은 것은 없기에 우리는 하나님만 섬기는 것입니다. 예수님이 천하만국의 영광을 초개처럼 여기신 이유가 여기에 있었습니다.

사탄이 하나님의 자녀인 당신을 유혹할 때 무엇으로 합니까? 그것에 우리의 신앙과 인격을 판단하는 사탄의 평가가 있습니다. 인터넷의 어지러운 그림입니까? 불법 비디오의 유혹입니까? 아니면 친구의 담배, 술 또는 게으름과 타락의 요구입니까? 당신은 겨우 이런 문제로 고민하고 허덕이고 있습니까? 사탄이 당신을 우습게 알아도 너무 우습게 아는 것 아닙니까?

이런 작은 일로 허덕이고, 자꾸 뒤돌아보게 되고, 유혹과 충동을 느낀다는 것은 그리스도인으로서 마귀에게 무시당하는 일입니다. 우리는 믿지 않는 세상 사람들이 겪는 지극히 작은 일로 고민하면 안 됩니다. 이런 유혹이 다가온다면 "사탄아, 이 따위로 나를 미혹하려고! 웃기지 마라. 하나님의 자녀인 내가 그 정도에 넘어갈 것 같으냐! 나를 무시해도 분수가 있지" 하고 호통을 치십시오. 당신은 값싼 존재가 아닙니다. 적어도 하나님의 아들 예수님의 생명과 맞바꾼 귀한 존재입니다.

02

크고 쉽고
빠른 것이
유혹이다

인생의 목적을 흔드는 사탄의 시험을 이기는 두 번째 방법은 너무 쉽고 넓은 길로 가지 말라는 것입니다. 사탄이 예수님께 제시한 길은 너무나 쉽고 빠른 길이었습니다.

> 이르되 만일 내게 엎드려 경배하면 이 모든 것을 네게 주리라 마 4:9

아무도 없는 산꼭대기에서 아무도 모르게 딱 한 번만 사탄에게 엎드려 절하면 된다는 것입니다. 그러기만 하면 온 천하를 호령하게 해주겠다는 것입니다. 눈 한번 질끈 감으면 그만인 쉬운 길입니다.

하지만 주님은 그것을 택하지 않으셨습니다. 대신에 예수님은 감람산 꼭대기에서 십자가를 앞에 놓고 피땀을 흘리며 세 번씩이나 얼굴을 땅에 대고 하나님 아버지께 울부짖었습니다. 온 세상 죄인들의 생명을 구하고 하나님 아버지를 영화롭게 하기 위해서입니다. 이 한 번의 절을 마다한 대가로 채찍에 맞고 침 뱉음을 당하고 따귀를 맞으며 십자가의 길을 가셨습니다. 예수님이 택한 길은 쉽고 빠르고 넓은 길이 아니었습니다.

예수님은 왜 쉬운 길을 거절하고 이토록 어려운 길을 가셔야만 했습니까? 소중한 것은 거기에 합당한 대가를 치러야만 얻을 수 있기 때문입니다. 값진 것은 거기에 맞는 희생이 있을 때 생겨납니다. 다음의 글을 음미해 보십시오.

"모든 생산품을 과거에 만들어진 그 어떤 것보다 더 낫게 만들어라. 눈에 보이지 않는 부품을 만들 때에도 보이는 부품을 만들듯이 하라. 가장 일상적인 물건을 만들 때에도 최상의 재료만 사용하라. 당신이 가장 큰 것에 주의를 기울이는 만큼 가장 작은 것에도 똑같이 주의를 기울이라. 당신이 만든 모든 물건이 영구적인 것이 되도록 디자인하라."

쉐이커(Shaker)라는 가구 회사의 브랜드 철학입니다. 보이지 않는 것, 사소한 것, 보잘것없는 것이 영원한 가치인 듯이 땀을 흘리고 수고하겠다는 것입니다. 그 결과는 무엇일까요?

"이 가구는 천사들이 사용하는 가구다."

그들이 만든 가구를 사용한 사람들이 보내는 찬사입니다. 쉬운 길이 아니라 어렵고 힘든 길을 굳이 걸을 때 위대한 것이 탄생합니다.

정치인도 이처럼 어렵고 힘든 길을 걸어야 위대한 영향을 끼칠 수 있습니다. 정치인이 눈에 띄고 쉬운 일만 하려 들면 그것으로 인해 모두를 망하는 길로 몰아갈 수 있습니다.

19세기 영국의 정치가이자 장군인 찰스 고든(Charles Gordon)은 어느 날 수단으로 가라는 명령을 받았습니다. 그때 주변의 친구들이 안타까운 마음에 수단행을 만류했습니다. 지금까지 한 고생도 충분한데 또다시 무더운 나라 수단에 가서 고생을 하기엔 그의 재능과 능력이 너무 아깝다고 했습니다. 그때 찰스 고든은 사람들에게 이렇게 말했습니다.

"거대한 나라를 다스리는 A가 되든, 아주 작은 지역을 다스리는 B가 되든 똑같이 중요하다. 그리스도는 거대한 규모의 나라에서 일어나는 문제에 지극한 관심을 가지고 다스리는 것처럼 작은 곳에서 일어나는 문제에도 똑같이 지극한 관심을 가지고 다스리기 때문이다."

찰스 고든은 크든 작든 환경이 좋든 나쁘든 어디를 가든지 자신을 통해 예수 그리스도의 다스림이 일어나도록 헌신하겠다고 한 것입니다.

세상은 크고 쉽고 빠른 길을 가라고 우리를 끊임없이 부추깁니다. 큰 회사에 들어가 돈 많이 벌어서 큰 인물이 되라는 것이 세상이 권하는 가치입니다. 그러나 그리스도인은 작고 보잘것없는 것을 귀히 여기며 어디서 무엇을 하든 지극한 관심을 가지고 사랑으로 일하는 사람들입니다. 굳이 어렵고 힘든 길을 택해서 위대한 영향을 끼치는 사람들입니다.

예수님은 벌거벗은 수치를 당했으면서도 십자가 위에서 "다 이루었다"라고 선언하셨습니다. 일생의 목표를 다 이루셨다고 하신 것입니다. 이사야는 이미 730여 년 전에 예수님의 이 같은 모습을 예언했습니다. 하나님의 종의 만족한 자기 고백을 들어 보십시오.

> 여호와께서 그에게 상함을 받게 하시기를 원하사 질고를 당하게 하셨은즉 그의 영혼을 속건제물로 드리기에 이르면 그가 씨를 보게 되며 그의 날은 길 것이요 또 그의 손으로 여호와께서 기뻐하시는 뜻을 성취하리로다 그가 자기 영혼의 수고한 것을 보고 만족

하게 여길 것이라 나의 의로운 종이 자기 지식으로 많은 사람을 의롭게 하며 또 그들의 죄악을 친히 담당하리로다 사 53:10-11

하나님의 방법은 질고를 당하게 하는 것이었고, 그 영혼을 속건제물로 바치는 것이었습니다. 주님은 그 수고의 길을 기꺼이 따르셨습니다. 오랜 역사 속에 기다렸던 하나님의 꿈, 인류 구원의 대업을 자신의 몸에 이루고, 하나님의 말씀이 성취되는 기쁨을 누리기 위해 사탄에게 절하기를 거절하시고 오히려 갈보리 십자가에서 고개를 떨구신 것입니다.

우리 삶에도 자기 십자가를 지고 주님의 뜻을 성취해야 하는 일이 있습니다. 그러나 그 길은 고통과 좌절만 있는 것이 아니라 만족이 있고, 기쁨이 있고, 영혼이 구원받는 감격이 있습니다.

쉬운 길은 아니지만 하나님은 하나님의 뜻이 있는 길을 선택하길 원하십니다.

03

유혹에는 단호하게 대처하라

　　　　　인생의 목적을 흔드는 유혹을 이기는 세 번째 방법은 단호한 태도를 갖는 것입니다.

　마귀는 인생의 궁극적인 목적인 하나님을 배반하라고 예수님을 유혹했습니다. 그때 예수님은 흔들림 없이 단호하게 말씀하셨습니다.

　　이에 예수께서 말씀하시되 사탄아 물러가라

> 기록되었으되 주 너의 하나님께 경배하고 다만 그를 섬기라 하였느니라 마4:10

그러자 사탄이 꼼짝 못하고 물러갔습니다. 그리고 천사들이 예수님을 섬겼습니다.

> 이에 마귀는 예수를 떠나고 천사들이 나아와서 수종드니라 마4:11

주 하나님께 경배하는 것을 인생의 유일한 목적으로 삼고, 하나님을 섬기는 것을 본분으로 살아가려는 예수님의 분명한 태도는 사탄을 물리쳤습니다. 가치체계에 따라 삶의 우선순위를 분명히 선언하고 그렇게 실천하셨습니다. 이것도 잡고 저것도 놓지 않으려고 전전긍긍하지 않으셨습니다. 버릴 것은 버렸습니다. 날릴 것은 날렸습니다. 단호하게 가지치기를 하셨습니다.

"물러가라" 하고 외칠 용기도 없고, 물리쳐야 할 것을 물리치지 못하는 것이 인간의 문제이고 한계입니다. 사탄이 던진 미끼에 왜 집착합니까? 하나님의 사람은 단호한 태도를 보여야 합니다.

사탄이 베드로를 통해 십자가의 길을 말릴 때도 예수님은 그 유혹을 당장 알아차리셨습니다.

> 베드로에게 이르시되 사탄아 내 뒤로 물러가라 너는 나를 넘어지게 하는 자로다 네가 하나님의 일을 생각하지 아니하고 도리어 사람의 일을 생각하는도다 하시고 마 16:23

그리고 제자들에게 십자가를 향한 분명한 목표의식을 가질 것을 요구하셨습니다.

> 이에 예수께서 제자들에게 이르시되 누구든지 나를 따라오려거든 자기를 부인하고 자

기 십자가를 지고 나를 따를 것이니라…사
람이 만일 온 천하를 얻고도 제 목숨을 잃으
면 무엇이 유익하리요 사람이 무엇을 주고
제 목숨과 바꾸겠느냐 마 16:24, 26

　신앙의 위인들은 한결같이 예수님처럼 삶의 목적이 분명했습니다. 모세는 애굽의 모든 영광과 금은보화를 단호하게 거절할 줄 알았습니다. 요셉은 단호하게 여인의 유혹을 뿌리치고, 옷가지까지 벗어 던지고 하나님의 이름을 결코 욕되게 하지 않았습니다. 다니엘과 세 친구는 왕의 진미를 물리치고 단호하게 바벨론 왕 앞에서 자신들의 하나님을 섬기려고 목숨을 걸었습니다.

　반면에 한 나라의 왕이었던 아합은 천하만국은커녕 겨우 나봇의 포도원에 마음을 빼앗겨 식음을 전폐하다 결국 죄를 범했습니다. 롯의 아내는 소돔과 고모라의 풍요와 환락을 단호하게 끊지 못하고 뒤돌아보다 소금기둥이 되었습니다. 발람은 발락이 보여 주는 황금을 단호하게 물리치지 못하고 유혹되었습니다. 게하시는 나아만 장군의 화려한 예물에 넋이 나가서 엘리사가 단호하게 물리쳤던 그것을 뒤좇다가 한센병에 걸렸습니다. 단호하게 자신의 욕망을 잘라내지 못하고 사탄에게 이리저리 끌려다녀서는 위대한 하나님의 사람이 될 수 없습니다.

"이후로는 누구든지 나를 괴롭게 말라"고 외쳤던 바울은 로마서와 고린도전서에서 그리스도인의 삶의 목적을 분명히 했습니다.

> 우리 중에 누구든지 자기를 위하여 사는 자가 없고 자기를 위하여 죽는 자도 없도다 우리가 살아도 주를 위하여 살고 죽어도 주를 위하여 죽나니 그러므로 사나 죽으나 우리가 주의 것이로다 **롬 14:7-8**

> 그런즉 너희가 먹든지 마시든지 무엇을 하든지 다 하나님의 영광을 위하여 하라 고전 10:31

바울은 이 목적에 따라 세상에 속한 모든 좋은 조건과 성공의 자리를 배설물로 여기고 주를 전하는 데 일생을 바쳐 헌신했습니다. 길 잃은 양들을 하나님의 품으로 인도하여 하나님을 영화롭게 하였습니다.

하나님이 우리에게 하나님만 섬기라 하신 이유는 그것이 인간을 가장 위대하게 만들기 때문입니다. 하나님을 섬기면 가장 작은 것을 위해 헌신해도 가장 큰 사람이 됩니다. 물동이를 버리고 생수를 소개하려고 달려갔던 사마리아 여인이 그랬고, 회당에서 쫓겨나도 예수를 증거했던 소경이 그랬고, 만선의 물고기와 그물을 버리고 예수를 따랐던 어부들이 그랬습니다. 초야에 묻혀 세상의 무

관심에 잊힐 사람들이 하나님 나라의 주인공들로 등장하게 된 기적이 여기에 있습니다.

20세기에 네덜란드의 첫 수상에 오른 아브라함 카이퍼(Abraham Kuyper)는 그 이력이 정말 화려합니다. 그는 57년간 공직 생활을 했는데, 수상으로서 4년, 목사로서 7년, 하원의원으로서 7년, 상원의원으로서 7년, 교수로 20년, 정당의 의장으로 42년, 일간지와 주간지의 편집인으로 47년을 지냈습니다. 그리고 그가 지금까지 저술한 책만 232권입니다. 더구나 그의 책은 각 분야의 베스트셀러로 이름을 올렸습니다. 참으로 놀랍습니다. 어떻게 한 사람이 이렇게 많은 일을 이룰 수 있단 말입니까?

그런데 그가 그의 딸에게 쓴 편지를 보면 그의 업적이 그냥 나오지 않았음을 이해하게 됩니다.

"나의 소명은 높고 나의 과업은 영광스러운 것

이다. 내 침대 위에는 십자가상이 걸려 있는데 내가 그것을 쳐다볼 때면 매일 밤 주님이 나에게 이렇게 묻는 것만 같다. 나의 쓴 잔에 버금가는 너의 고통이 무엇이냐? 그분의 섬김은 너무나 높고 영광스러운 것이다."

그가 평생에 걸쳐 좇아간 길은 예수님을 따르는 길이었던 것입니다. 예수님이 십자가에서 우리를 섬기신 그 섬김을 따라 한 발자국씩 걸음을 옮긴 것이 위대한 과업을 이루게 한 것입니다.

그는 또 "피조 세계의 모든 곳에서 예수님이 높임을 받아야 한다"고 말했습니다. 그의 삶을 보면 과연 그렇습니다. 목사로서 예수님을 높였을 뿐 아니라 정치인으로서 예수님을 높였고 언론인으로서 예수님을 높였으며 학자로서도 예수님을 높였습니다. 모든 피조 세계에서 주님의 다스림이 일어나도록 힘썼던 것입니다.

당신이 힘들고 지친 이유가 무엇입니까? 하나님의 영광이 아니라 세상 영광에 사로잡혔기 때문이 아닙니까? 당신이 움켜쥔 것이 무엇입니까? 무엇 때문에 매 순간 안달하며 달음질하고 있습니까?

사도 바울은 이렇게 고백합니다.

> 내가 달려갈 길과 주 예수께 받은 사명 곧 하나님의 은혜의 복음을 증언하는 일을 마치려 함에는 나의 생명조차 조금도 귀한 것으로 여기지 아니하노라 행 20:24

> 푯대를 향하여 그리스도 예수 안에서 하나님이 위에서 부르신 부름의 상을 위하여 달려가노라 빌 3:14

당신이 살아가는 목적은 자신입니까, 아니면 예

수입니까?

우리는 세상을 추구하며 살 것이냐, 아니면 하나님을 추구하며 살아갈 것이냐를 결단해야 합니다. 세상을 보여 주는 사탄은 다른 사람들도 다 그렇게 산다면서 화려하고 쉬운 길을 제시하고는 다만 자기에게 절하라고 합니다.

그러나 주님이 가신 길은 보이지 않는 영광의 길이고 피와 땀으로 가는 길입니다.

크신 하나님을 위해 다니엘처럼 그리고 다윗처럼 뜻을 굳게 정하기 바랍니다.

> 하나님이여 내 마음이 확정되었고 내 마음이 확정되었사오니 내가 노래하고 내가 찬송하리이다 시 57:7

하나님만 경배하고 섬기겠다고, 하나님을 영화롭게 하는 일생을 살겠다고 뜻을 확정하기 바랍니다. 하나님만을 예배하는 이유는 그것이 인간이 가장 위대해질 수 있는 길이기 때문입니다. 목표가 클수록 큰 사람이 됩니다.

자신을 위해 사는 사람은 한 인간의 분량을 넘지 못합니다. 히틀러는 자기 외에 어떤 경배의 대상도 없었고, 하나님의 존재를 두려워하지 않았기에 역사에서 사탄의 하수인으로 기록되고 말았습니다.

하나님을 섬기지 않는 개인의 어떠한 성공도 결국 사탄의 하수인으로 전락되는 것을 역사는 입증하고 있습니다.

마을을 위해 사는 이는 마을의 칭송을 받고 나라를 위해 사는 사람은 애국자가 됩니다. 그러나 피조물을 초월한 창조주, 철학적으로는 영원한 본질이고 실체이신 분, 너무나 탁월하셔서 세상의 어떤 것과도 비교가 불가능한 가장 크신 분을 위해 살아가는 사람은 그만큼 큰 사람입니다.

천하만국과 그 속의 온갖 영광은 이 하나님의

영광에 비하면 아무것도 아닙니다. 그래서 바울은 현재의 고난은 장차 우리에게 나타날 영광과 족히 비교할 수 없다고 외쳤습니다. 벌써 보는 눈이 다릅니다. 이러니 우리는 세상의 어떤 미끼로도 유혹당할 수 없는 존재입니다. 우리의 궁극적인 목적은 하나님의 영광이기 때문입니다.

> 주여 이제 내가 무엇을 바라리요 나의 소망은 주께 있나이다 시 39:7